なる# 保育のための
心理学ワークブック

小平英志・田倉さやか 編
Hideshi Kodaira & Sayaka Takura

Psychology
for Childcare
Workbook

ナカニシヤ出版

はじめに

心が関わり合う―保育の中の心理学

　保育の場では，さまざまな心が関わり合います。子どもの心と保育者の心，そして，保護者の心や同僚の保育者の心，連携して子どもと関わる保健師，ソーシャルワーカー，看護師，栄養士，心理士の心など，保育の現場に関わるすべての人に心があり，そこに心の動き（心理）があります。また，子どもたちが遊び，学ぶ姿の背景には，子どもたちのさまざまな発達の過程があります。

　保育士資格や幼稚園教諭の免許を取得するには発達心理学や教育心理学（保育心理学）を学ばなくてはなりません。保育心理学は，子どもはどのような発達を遂げるのか，発達を促すためにどのようなかかわりが必要なのかを学ぶ学問でもあります。保育者には，子どもの心や発達について相応の知識を持ち，「心の関わり合いのスペシャリスト」であることが求められます。

　このワークブックでは，まず子どもたちの身体の発達と自己理解（ワーク1）について取り上げます。続いて，ことばと認知機能の発達（ワーク2），愛着形成と社会性（ワーク3）についてグループでの討論も交えつつ学んでいきます。そして，子どもの遊びと学び（ワーク4），発達支援や障害のある子どもたちとの関わり方のワーク（ワーク5）を通して保育者にできる支援とは何かを考えていきます。さらに，みなさん自身の自己理解と保育者としての自信について整理し（ワーク6），最後に現代的な課題である児童虐待や保護者の支援について考えます（ワーク7）。

ワークの進め方

　本書は各ワークに2つの小ワークがあり，それぞれ4つのパートから成り立っています。各パートを効率よく活用することで，保育者に必要な心理学の知識を獲得し，子どもたちとの心の関わり合いについて考え整理する力を培っていきましょう。

①まずは具体的な場面（4コマ漫画）から課題をつかもう

　各ワークは4コマ漫画とワークに関係する事柄の解説から始まります。そのワークでどのようなことが問題とされるのか，概要を把握するところから始めてみましょう。

②実際にワークに取り組もう

　各ワークは2つの小ワークから成り立っていますが，小ワークをひとつずつ行ってみてもかまいません。中にはグループで話し合う討論形式のものもあります。たくさんの意見や見方を出し合うことが大事ですので，自信を持って自分の考えを披露し，そしてたくさんの人の考えを吸収してください。

③解説をじっくりと読んで理解しよう

　各ワークを終えたら解説をよく読んでください。解説にはいくつかの重要なキーワード（専門用語）が出てきますので，キーワードを用いて考えを整理してみましょう。もしもわからないことが出てきたら調べてみてください。教員がいる場合にはどんどん質問をしてください。「わからない

ことをわからないままにしないこと」，それが，将来あなたが関わるであろう子どもたちに，今のあなたができることではないでしょうか。

④応用ワークにもチャレンジしよう

　小ワークにはそれぞれ，解説の後に応用ワークがあります。小ワークをふまえて，さらに理解を深めるためのものです。自主学習で学びを深めるための課題として活用してください。

　また，最後のワーク8には，これまで学んできたことを，各自で自由に描き出すような課題を準備しました。保育心理学で学んだことを，子どもの発達の進みに沿って整理し直すために活用してください。

　こうしたワークやさまざまな学習経験を通して，みなさんが積極的に子どもの世界を理解し，子どもに働きかける力を身につけ，知識と経験に裏づけされたスペシャリストになっていかれることを願います。

平成27年3月　編　　者

どう？　こんなのもできるようになったよ

おままごと：先生はいどーぞ

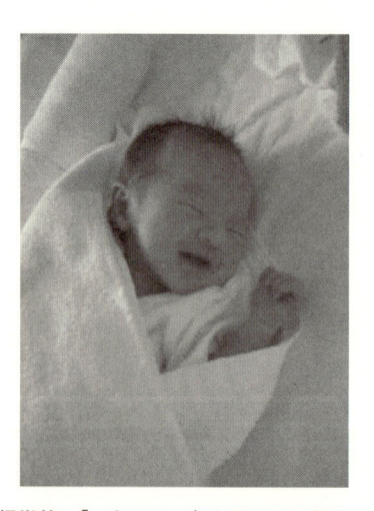

新生児微笑：「いとおしい」と思わせる新生児の力

目　次

はじめに　*i*

Work 1　子どもの身体と自己の発達　　1

　　Work 1-1　子どもの身体の発達　2
　　Work 1-2　子どもの自我の発達　7

Work 2　子どもの認知とことばの発達　　15

　　Work 2-1　乳児期：0〜2歳児の認知とことばの発達　16
　　Work 2-2　幼児期：3〜5歳児の認知とことばの発達　22

Work 3　子どもの愛着と社会性の発達　　31

　　Work 3-1　子どもの愛着形成　32
　　Work 3-2　子どもの社会性の発達　38

Work 4　子どもの遊びと学び　　47

　　Work 4-1　子どもの遊び「遊びってどんなもの？」　48
　　Work 4-2　子どもの学び「学びへの援助を考えよう！」　52

Work 5　保育者による発達援助　　57

　　　Work 5-1　乳幼児期の発達理解と援助　58
　　　Work 5-2　障害児の理解と援助　64

Work 6　自己の理解と保育者としての成長　　71

　　　Work 6-1　自分自身を知ろう：20答法　72
　　　Work 6-2　保育に関する自信：保育者効力感　78

Work 7　保育を取り巻く現代の課題　　85

　　　Work 7-1　児童虐待　86
　　　Work 7-2　保　護　者　92

Work 8　総まとめワーク　　99

文　献　103
索　引　107

●コラム
1　乳幼児健診の実際　13
2　ことばの遅れに関する発達相談─臨床心理士の立場から　29
3　0歳児を保育園に入れること　45
4　「育ち合う」─子ども同士だから育つもの　56
5　療育の現場から　70
6　男性のワーク・ライフ・バランス─「毎日送り迎えするお父さん」へのことばがけをジェンダーの視点から考える　84
7　保育所と市町村，児童相談所との連携　98

Work 1
子どもの身体と自己の発達

　子どもはいつごろ「自分」を意識するのでしょうか。「朝の会」で名前を呼んだら子どもが手を挙げる姿は，0歳児クラスの終わりごろには見られるようになります。保育士や大きな子の模倣としてまずは手を挙げ始めます。だからお友達の名前が呼ばれたときにも手を挙げてしまいます。1歳を過ぎてくるとお友達の名前に反応して，呼ばれたお友達の方を見てちょっかいもかけるようになります。ところが1歳半ばごろのある時期，自分の名前が呼ばれると下を向いてしまう子が出てきます。その後，自分の名前にだけ手を挙げるようになるのですが，他の誰でもない自分を呼んでいるということを「意識している」心の揺らぎが下を向かせるのでしょう。可愛いですよね。

　まねをして手を挙げ，お友達の名前がわかり，自分の名前がわかるということは，名前を通して「自分」を意識するようになるという発達を示していますが，その後2歳ごろには「なおちゃんの！」「なおちゃんが！」と名前で自己主張する姿が急激に増えていきます。

　子どもはどのようにして「自分」を意識するようになるのでしょうか。「他者」と「自分」を区別するのは何よりも身体の「違い」です。「私」は他の人とは異なる独自の身体を持っています。独自の身体を持つ「私」が「なおこ」という他の人と区別する「名前」を持っているのです。独自の心を持ち独自の名前を持つ私は，何よりも独自の身体を持っています。だとしたら自我の発達は自分のからだを意識することと深く結びついていることになります。生まれたばかりの新生児が自分を意識するようになり自己主張するようになる過程を，身体の発達過程と結び合わせて考えてみましょう。身体の発達の過程で子どもは自分の身体をどのように意識していくのか，考えてみてください。

Work 1-1　子どもの身体の発達

①「一人立ち」「一人歩き」できるようになると、からだが飛躍的に自由になります。しっかりとした歩行のためには何が必要なのかを考えてみましょう。
- 生まれてから1年間の乳児の運動発達を振り返りましょう。
- そのために、あなたの「母子手帳」をお母さんから見せてもらいましょう。
- くびのすわり、腹ばい、寝返り、はいはい、一人歩きなどはいつだったでしょうか。みんなの状況を出し合ってみましょう。
- そして腹ばい、寝返り、はいはいをして乳児の運動をまねしてみましょう。
- こうした運動を通して子どもは自分の体をどう感じるのか考え合ってみましょう。

②腹ばいやはいはいをあまりしない子には何か問題があるのでしょうか？
- 腹ばいになってみて、子どもは何がいやで腹ばいやはいはいをしないのか、その理由を考えてみましょう。
  腹ばいをいやがる理由は？
  はいはいをしない理由は？
- 腹ばいやはいはいをしないことで生じるマイナスな影響にはどのようなものがあるか話し合ってみましょう。
  運動面では？
  手の発達においては？
  からだの感じ方は？
  親子関係は？

　　子どもの運動発達の順序に関しては、他の科目で学んだことと思いますが振り返ってみましょう。林万リ監修『やさしく学ぶからだの発達』が役立ちます。

　　胎児期には子宮内の狭い空間であっても、赤ちゃんは手足を曲げ伸ばしたり指をしゃぶったりとさまざまな運動を行っていました。ところが生まれ落ちると同時に地球の重力がかかり、腹ばいでは身動きができない不自由な状態になります。このように重力に完全に負けていた状態から、重力から自由になっていくのが乳児の運動発達過程だともいえます。

　　一般的な発達検査では、乳児期の前半までは、仰向けの姿勢と腹ばい姿勢での子どものからだのありようが発達の指標となっています。

乳児期前半の仰向け姿勢の発達
　　仰向けでは生まれてすぐは緊張性頸反射のためにいずれか一方を向いていたのが、左右対称姿勢をとるようになり、腕や脚が体から離れて伸びるようになり、3か月を過ぎると手をなめ両手をすり合わせ、5か月を過ぎると膝をいじるなど自分のからだをおもちゃとして遊ぶとともに自分のからだを手で確認していきます。

1か月　　　　　3か月　　　　　5か月

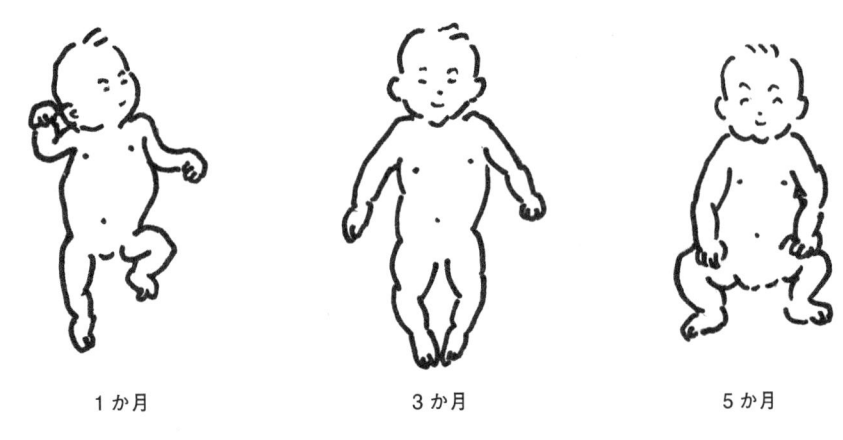

図1-1　乳児期前半の仰向け姿勢の発達

1か月　　　　　3か月　　　　　5か月

図1-2　乳児期前半の腹ばい姿勢の発達

乳児期前半の腹ばい姿勢の発達

　腹ばいではべたっとつぶれたような姿勢だったのが，少しずつ頭を持ち上げるようになり，3～4か月では肘で支えるようになり手足の自由度が出てきます。あおむけでも腹ばいでも4か月ごろには対称姿勢がとれるようになり，その後，ものをつかみとりたいと挑戦し，左右の使い分けを実現し，5か月になると手のひらで体を支えるようになっていきます。この力が寝返りやはいはい等，姿勢変換や移動の基礎になっていきますが，こうして自分のからだを持ち上げる挑戦を通して，自分の「からだの輪郭」（ボディイメージ）を把握していくのではないでしょうか。

乳児期後半の運動発達

　6か月を過ぎると赤ちゃんは仰向けでは目で見たものに手を伸ばし，手と手，足と足を合わせ（図1-3），足先を口に持っていくという大人にはできない動きまでして，重力に抗して床から手足を持ち上げ自由自在に動かします。腹ばい姿勢で頭をより高く持ち上げ，片手で自分を支えようとまでし始めます。こうして仰向けでも腹ばいでも自分の体を実感しつつ，外の世界に向けて手を伸ばし偶然，寝返りを獲得していきます。もっと遠くのものが欲しいというチャレンジがおなかを持ち上げる力と

図1-3 6か月ごろの乳児の姿；お尻を上げてアシを手でつかみクチに持っていく

なり，はいはいの準備姿勢となっていきます。
　寝返り，はいはいと姿勢の変換，移動が可能になると，腹ばいからお座り，お座りからつかまり立ちと，次々と姿勢変換が可能になっていきます。姿勢の変化によって，見える世界，触れる世界が大きく広がるため，乳児は意欲的に姿勢変換にチャレンジし世界を広げていきます。

参考：保健センター・児童相談所などでよく用いられている新版K式発達検査による標準月齢

腹ばい前進	7〜8か月
腹ばいから座位になる	8〜9か月
四つばい	8〜9か月
つかまり立ち	9〜10か月
つたい歩き	10〜11か月
ひとり立ち	11〜12か月

乳児期の運動発達と身体像
　このようにして乳児期前半の間に赤ちゃんは手と手，足と足を合わせ，口でなめて確認することで，自分の体を外の世界とは異なる「まとまり」として意識していきます。自分の体に力が入っていると感じる固有覚，触って確かめる触覚，そして姿勢の変化を感じる前庭覚の働きによって，自分の体の自由さと不自由さ，心地良さとしんどさを感じているのです。この姿勢の発達は大人とのやりとりの中で実現していきます。生まれたばかりの赤ちゃんは自分ひとりでは哺乳すらできず，大人の手助けなしでは姿勢も変えられませんでした。だから最初は自分の体と大人は区別されず混ざり合っていました。それが大人の働きかけの中で姿勢を獲得するにつれ，自分の体に働きかけられるようになり，自分の体と大人の体を区別するようになり，自分の体と大人の体を確かめるかのように親の顔をしきりとなでたりします。
　乳児期後半には，大人はかかわりの相手となり「心地良さ」「楽しさ」を求め，大人の声かけに対して寝返ろうとしたり，前進しようとチャレンジし始めます。おもちゃの変化も楽しいのですが，大人がいてくれれ

ば楽しさがぐっと広がり，赤ちゃんはものの変化を大人と共感し合う三項関係を発達させていきます。この時期になると，大人のからだに対してより積極的に働きかけ確かめ合う姿が出てきて，親のほほをつまんだりハナの穴に指を突っ込んだりします。

乳児期の手指の発達

　乳児期後半赤ちゃんは，姿勢を発達させ移動の力をつけるだけでなく，手指を発達させていきます。手のひらの中におさめられていた親指が，腹ばい姿勢をひじで支えらえるようになる4か月ごろには自由度が増して外に開くようになり，5か月ごろには見えたものをつかみとれるようになります。左右どちらの手も使いながら，8か月ごろには手のひらではなく親指，人差し指，中指で把握するようになります。9か月ごろには人差し指が独立し始め，親指と人差し指で小さいものをつまむようになって誤飲も発生するようになります。赤ちゃんを抱くと，大人の鼻の穴に人差し指を突っ込んできたりします。こうして前項で紹介したように大人のからだで遊ぶようになるのでしょう。11か月ごろには人差し指を立てて関心のあるものを指差すようにまでなり，指が物をつかみ変化させる指としてだけでなく，コミュニケーションの手段としても機能するようになります。

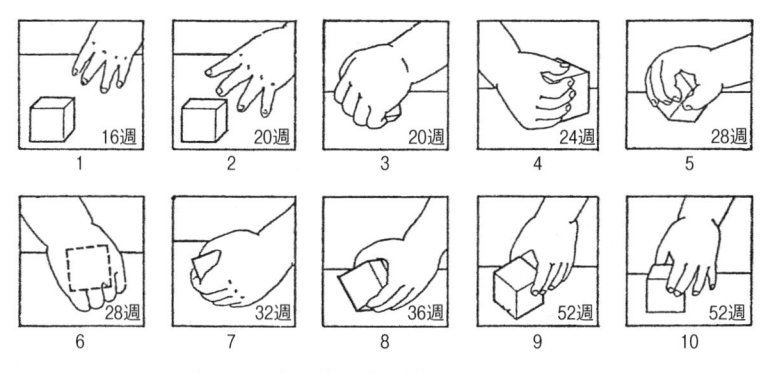

図1-4　把握反応の発達段階（Helverson, 1931）

乳児期の運動発達の「問題」と幼児期の発達

　このように乳児の運動発達は，大人に支えられながら重力に抗する取り組みをし，移動の自由を獲得することで「独自の身体を持つ」存在として，大好きな大人との関係を自ら築いていく過程であるとともに，からだを支えるための手が自分のからだを確かめる手に，さらには物を変化させる力のある手に，そして離れていても大人との関係を築く手へと発達する過程だともいえます。自分と大人との間の「空間」を自由にしうるからだと手指を乳児は獲得していくのです。

　筋力が弱く腹ばいが嫌いだと，ひじや手の力をあまり使わないこと

になります。からだを使うことで筋力や手の自由度が高まるため，自分のからだのステキさを実感する機会が狭まるかもしれません。また腹ばいが嫌いな理由の一つにからだの前面が床に触れるのがいやだという触覚過敏も考えられます。からだの前面が触れるのがいやということは抱かれることにも抵抗があるということです。親子関係の上でも少ししんどいですよね。そういった乳児には，母親のおなかの上で腹ばいにし，母親と顔を見合わせながらチャレンジさせることも大切です。体全体のマッサージを通して，触れられる楽しさを広げることも良いですよね。

　歩行を獲得した後も，幼児期前半の運動発達は，大人との間の「空間」関係を新たな水準において築くものとして，走る，跳ぶ，階段を上下するというように発展し，さらにさまざまな道具の使い方を学び大人がしたことを取り入れることで，大人から離れて自らの力やイメージを試し蓄えていく方向で発達していきます。乳児期の運動発達が大人との関係の中に十分に位置づいていない場合，歩き始めたものの多動で困る，高いところから飛び降りて危険といった「困った姿」になってしまうこともあります。大人との関係よりも物に執着してコミュニケーションが広がりにくいといった「困った姿」を出すこともあります。自分を大切に思ってくれる大人と自分の関係を楽しく築いていく営みとして運動発達を改めて学びなおしましょう。

● ● ● **応用ワーク** ●

　皆さんは目覚めている時間の多くを立位か座位で過ごしているので，仰向けや腹ばいの姿勢は眠るときくらいにしか意識しないことでしょう。そのため，仰向けと腹ばいの違いをあまり意識してはいないのではないでしょうか。しかし乳児にとっては，仰向けと腹ばいではすべてにおいて世界が違って感じられます。乳児にとって，仰向けと腹ばいで感じられる世界の違いをまとめてみましょう。実際に仰向けと腹ばいの姿勢をとってみてください。

　からだの感じはどうですか？
　視野はどうでしょうか？
　手の自由度はどう違っていますか？
　人との関係のとり方は？

　実感したことと学んだことを結び合わせて，仰向け，腹ばい，それぞれの姿勢が赤ちゃんの発達にとってもつ意味についてまとめてみましょう。

　乳児は限られた力の中で，自分のからだを，そして周りの世界を，大人との関係を，全身で感じ取っていきます。そのため乳児保育においては仰向け，腹ばいともに大切にし，乳児が二つの姿勢を心地良く感じられるよう取り組んでいます。最近の家庭では，乳児の時期から「DVDやスマホでの子育て」が行われたりしていると言われますが，そのことが乳児の身体や心の発達に持つ「問題」についても考えてみましょう。

Work 1-2　子どもの自我の発達

> ①子どもは自分のからだや自分のことをいつごろわかるようになるのか調べてみましょう。
> - 「おなかとおしり」ではどちらが早くわかると思いますか。
>   なぜそう思うのかみんなで話し合ってみましょう。
> - それでは「目と口」ではどちらが早くわかると思いますか。
>   なぜそう思うのかみんなで話し合ってみましょう。
> - 子どもが自分のからだの「部位」を理解するためには何が必要なのか「からだの発達」も振り返って考えてみましょう。
> - それでは自分の姿はどのようにして理解するのでしょうか。
>   「鏡に映った自分」「ビデオ映像の自分」「写真に写った自分」
>   どういう順番でわかるようになるかを考えてみましょう。
>   なぜそう思うのかを話し合ってみましょう。
>
> ②自分のことを「なおちゃん」ではなく「私」と表現するようになるのは 3 歳ごろです。
>   「なおちゃん」「ひでくん」ではなく「ワタシ」、「ボク」と表現することにどんな意味があるのか話し合ってみましょう。
>   大人になっても自分のことを名前で表現する人はなぜ「わたし」を使わないのかな？　考え合ってみましょう。

　乳児期の運動発達を通して子どもは「自分のからだ」を、外の世界と異なる一つのまとまりとして捉え始めましたが、それは自分がなんとなく感じているまとまりです。そのまとまりを持つ自分を、親やきょうだいやクラスの仲間とは異なる意思を持った「自分」として捉えるようになるのが 3 歳ごろまでの幼児期の前半期です。

　さてこのワークの冒頭で出席場面での名前への反応に触れましたが、保育所の 1 歳児に対する研究をもとにした表 1-1 を見てください。自分の名前が自分だけをあらわす特別なものになり始めるのが 1 歳後半だということがわかりますね。

　それでは「からだ」というまとまりを持つ自分が他の子どもとは違う存在として、「名前を含めた特別な存在」として意識されるのはいつごろのことなのでしょうか。表 1-1 からは写真では自分より友達のことが先にわかること（表の中の数値は区別できた人数）、自分の写真がわかるのは 2 歳過ぎだということが読み取れます。なぜお友達の写真の方が先にわかるのでしょうか。

　子どもはお誕生日が近づくころには自分の「からだ」と他人のからだを対比し始め、自分のお腹をたたいてみたり父親の乳首を指差したりと自分のからだにも親のからだにも関心を示し、身体の部位の名前も確認し始めます。まずは互いに見えやすく確かめやすい、お腹や足、おへそ、

表 1-1　名前，身体各部および写真の区別 (庄司, 1989)

名前	年齢	名前について(出席場面)	身体各部（指示）				写真の区別			
							他児		自分	
			目	鼻	口	耳	指示	名前	指示	名前
〔MKO〕	2;8	確実に返事								
〔IG〕	2;11									
〔SM〕	2;10		+	+	+	+	16/16	12/16	+	+
〔KI〕	2;8		+	+	+	+	16	15	+	+
〔OT〕	2;6		+	+	+	+	15	13	+	+
〔AT〕	2;3		+	+	+	+	16	15	+	+
〔MM〕	1;11		+	+	+	+	16	16	−	−
〔KY〕	1;10	自分のときに「ハイ」（時にまちがい）	+	+	+	+				
〔MK〕	1;9		+	+	+	+	16	11	+	+
〔IY〕	1;9		−	+	+	+	15	12	−	−
〔MA〕	1;8		+	+	+	+	15	14	−	−
〔NT〕	1;7		+	+	+	+	15	10	−	−
〔MN〕	1;5		−	−	+	+	3	0	−	−
〔KT〕	1;5	だれのときでも「ハイ」	−	−	−	−	0	0	−	−
〔KTY〕	1;5		−	−	−	−	0	0	−	−
〔MJ〕	1;4		−	−	−	−	0	0	−	−
〔KS〕	1;4		−	−	−	−	0	0	−	−
〔US〕	1;3		−	+	+	−	0	0	−	−
〔ON〕	1;3		−	−	−	−	0	0	−	−
〔TK〕	1;3		−	−	−	−	0	0	−	−

1. 身体各部について〔MKO〕，〔IG〕が，写真の区別について〔MKO〕，〔IG〕，〔KY〕が未実施である。
2. 写真の区別については17人について実施した。

　お乳などを指差し名前を確認していきます。お風呂場で「あきちゃんのおへそは？」と問われて自分のおへそをのぞこうとするといった姿が1歳過ぎには見られるようになります。大人と自分を同じような身体を持つ存在（同型性）として，確認し合っているのでしょう。

　それでは自分では実際には見えにくい顔の部位の場合はどうでしょうか。新版K式発達検査では「メ・ハナ・クチ・ミミ」の4部位のうち3部位を指で指して正しく答える標準年齢は，1歳8〜9か月ごろになっています。この4つの部位のうち子どもが最も早く答えるようになる部位はどこでしょうか。表1-1ではあまり差がなく見えますが，百合本(1981)の研究ではハナが最も早く15か月ごろから答え始め，次いでクチ，そしてミミ，最後にメという順で，22か月ではほぼすべてがわかるようになっています。

　私が3人の1歳児に12か月から23か月まで毎週調べてみた（近藤, 2011）結果が表1-2ですが，そこでは14〜15か月の時期(st3)にクチが答えられ始め，その後にハナ，メという順番で答えられるようになり，

表 1-2　身体各部位認知の発達―3 人分の正答率 (近藤, 2011)

(％)

段階	メ	ハナ	クチ	オシリ	アシ
st1	0	0	0	0	0
st2	0	0	0	0	0
st3	0	0	11.1	11.1	0
st4	6.7	13.3	20.0	20.0	80.0
st5	0	44.4	55.5	88.9	100.0
st6	81.0	76.2	90.5	85.7	95.2

17～19 か月ごろ (st6) にはほぼすべてが答えられるようになりました。

　子どもにとって一番わかりやすいのはアシのように目に見える身体部位ですが，見えにくい顔の部位の中でわかりやすいのは一般的には「口」と「鼻」ということです。おとなから1日に3度「おクチアーンして」と食事を与えられ，ハナが出るたびに「オハナふこうね」と働きかけられるため，子どもにとっては意識しやすい顔の部位だと考えられます。1歳前には友達の口にきゅうりを差し出すなど他者の口に対する子どもからの積極的なかかわりが見られますし，「ゆりちゃん」という呼び名と結び付けて働きかけられることの多い鼻が「ゆりちゃんのお鼻は？」という問いに「答えやすさ」を生むのでしょう。こうして他者と自分を対比したり名前と結びつける状況の中で，見えにくい顔の部位を認識していくのだと考えられます。自分ではまったく見ることもできず，他者からの働きかけも他者への働きかけもしにくい「目」は，口や鼻に比べて認識し始めるのは3・4か月ほど後になってしまいます。自分は目の前にいる大人や友達と同じからだを持つ「同型の存在」だと感じてこそ，見えない顔の部位も「見えてくる」と言えるのです。

　それでは他者と同型で，お腹も足もあって顔に目鼻もあるひとまとまりの自分は，他者からはどのように見えているのかということを子どもはいつごろから意識するのでしょうか。こうした研究は心理学においては鏡を用いて行われてきました。1歳児は鏡に関心を向ける時期でもあります。それでも1歳過ぎでは鏡はまだおもちゃの一つのように扱われます (近藤, 2011)。

　エピソード1　ゆり (13 か月1週)　鏡に「バー」と顔をくっつける。「先生はどれ？」と問うと，自分の像を叩いて笑う。

　それが1歳2か月を過ぎると自分の像を指差すようになるのですが，1歳3か月には一時自分の像をまじまじと見つめて目をそらすという反応が見られ，鏡像を何か特別なものとして意識し始めていることがわかります。その後1歳4か月には「ゆりちゃんどれ？」と問われれば自分

の像を,「先生はどれ？」と問われれば先生を振り返り先生を指差すようになり，他者に関しては実物の反映として鏡像を認知し始めていることがわかります。自分に関してはまだ自分という実態と像が明確に区分けされきってはいないのですね。

「コレは誰？」と鏡像を指差して問うた場合には,「センセイ」と答える方が1歳半と早く，他者であれば実物と像の関係が理解できています。一方自分の像を「ゆりちゃん」と答えるのは1歳7か月以降になってからでした。「ゆりちゃん」と答えられるようになる時期に，自分の像を「これは誰？」とたずねられると「ブー」と答えるなど，1歳3か月時と同様に自分の像に対して特別な感情を持つようでした。実物と対比でき認知対象となる他者像とは異なり，他者との関係性において「問われる自分」には感情の動きが伴わざるをえないということなのでしょうか。あるいは，実物の反映としての「像」であることを表情を変えてみることで，いま「ブー」とした自分と像を対比して確認しているのかもしれませんね。こうして1歳後半には実物の反映として鏡の像を理解しているように見えるのですが，鏡を見て恥ずかしそうにしたり鏡を避ける姿が指摘され，そう単純でもないようです。

「朝の会」の呼名の際に自分の名前が呼ばれると下を向く姿が見られるのと同様に，子どもが自分を意識していく過程には感情の揺れが伴うということなのでしょう。物を認知することや他者を認知することと，自分を意識することとの間には「感情の揺らぎ」の存在という大きな違いがあるのかもしれません。子どもは幼いながらも自分を意識しているのでしょう。そんな気持ちの揺れをていねいに見守りたいものです。

こうして自分の鏡像を「ゆりちゃん」と答えるようになると，1か月後には日常生活において「ゆりちゃんノ！」と自分の名前を用いて自己主張するようになります。一般的には2歳ごろから自分の名前を日常生活においてよく用いるようになってきます。他者が呼ぶ名前が他でもない自分をあらわしており，その自分は「ゆりちゃんノ！」「ゆりちゃんモ！」「ゆりちゃんガ！」という意思を持つ自分として表現されます。そうすると，他者とは異なるしっかりとした自分（自我）ができたということなのでしょうか。

鏡の像がわかるようになると写真の自分がわかるようになるといわれますが，最近はその前にビデオのライブ映像がわかるようになるといわれています。写真は以前に撮ったことのある過去の自分ですが，ビデオは今現在の姿（ライブ）を映し出すことができます。自分の動きを実感しつつ見ることができるという点では写真よりは鏡の像に近いといえますし，映っているのが自分だとわかるのは早いのですが，ところが自分が実感している自分とは少し変化を加えた自分の映像を見せられると混乱をきたしてしまいます。木下（2008）はビデオ撮影中にこっそりと頭

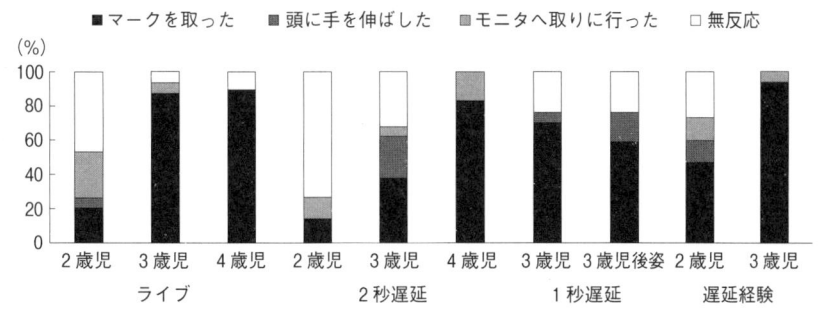

図 1-5　空間的一貫性を操作した自己映像呈示時のマーク（シール）への反応 （宮崎・開, 2009）

にシールを貼り3分後に映像を見せたところ，3歳児では自分の頭のシールをとることができず，4歳にならないと課題をクリアできないことを示しました。

同じような課題をライブに近い形で実施した場合には（宮崎・開，2009），4歳児はほぼクリアするのですが，3歳児では自分のビデオ映像を「今の」自分と結び付けられる時間閾は2秒以下だという結果が示されました。映っているのが自分だということがわかっていても，「いま」そのものではなく2秒以上前の姿を映すと，子どもは「いま」の自分とは捉えにくくなるようです。なかなか複雑ですね。写真などで自分として認知している自分は，大人もその場にいて「なおちゃんだね」と共有してくれる「自分」ですが，実験場面ではわざと「自分」認識を混乱させるわけなので，大人との関係の中で自己主張したり安心してきた子どもにとっては，「今の」自分感覚を混乱させられるのかもしれません。大人の承認が特になくても，時間を越えて自分を保つことができるのは4歳児以降だということかもしれません。

実感できる「からだ」を持つ自分，目や鼻や耳もある「独自の」顔を持つ自分は，親や周りの人に「なおこちゃん」と呼ばれる独自の存在として2歳台で意識されていくのでしょうが，いつも安定しているわけではなく，日常生活においてその意識はさまざまに揺らぎを体験していきます。

エピソード2　あきお（2歳2か月）おもちゃを「あきちゃん　ゴメンナ」と投げる

自己主張を繰り返してはいても，2歳児はこのように言語表現において主客転倒した表現を用いたりして，他者が自分と混ざり合っているようにも見えます。名前を用いて自己を主張していても，他者とは異なる自分を確立できているわけではなく，2歳児は仲間を模倣し「イッショだねぇ」と共感し一体になって遊び，気持ちの上では重なり合いながら

「自分」を確かめていくため主客転倒も生じやすいのではないでしょうか。他者の共感をくぐって自分を確かめていく過程をたどることで，他でもない自己を「今の」瞬間には確たるものとするのが3歳児で，だから他者から呼ばれる「なおちゃん」ではなく「私」という一人称が使われるようになるのでしょう。自分を中核に据えて初めて，変化を加えられた映像の自分を客観的に捕らえられるのかもしれません。それが4歳児であり，彼らが相手の視点に立ち始める（心の理論：Work2-2参照）のも，自分が感じている自分と他者から見られている自分を重ね合わせるからなのでしょう。

こうして見てくると自我は，独自の身体を有することを理解すること以上に，他者の共感をくぐり自分の思いを表現する生活の中で育つのだといえるでしょう。名前にこめられた心の発達の不思議，あなたは感じてくれたでしょうか。

応用ワーク

　子どもは1歳台には名前を，自分を表す「特別な」ものとして認識しましたね。自分の物や自分がしたいことを主張する際に「なおちゃんの！」「なおちゃんが！」と名前を用いて主張するのですが，こうした自己主張は，大人からすると「言うことをきかない」反抗として捉えられます。
　2・3歳のころに自分がした「反抗」はどのようなものだったかを親にたずねてみましょう。
　2歳児は「魔の2歳児」と呼ばれるほど親をてこずらせる時期です。「なおちゃんの！」という自己主張だけでなく「イヤ！」という反抗も増える時期です。上手にできないため親が手伝おうとすると「ジブンデ！」と，できないくせに自己主張します。そのため3歳までの時期は「第一反抗期」と呼ばれるのですが，あなたもきっと反抗したことでしょう。どんな反抗をしたのか，親はそのことをどのように受け止めていたのか，いちどたずねてみましょう。
　親はもう忘れているかもしれませんね。もしそうであれば，あなたの近くの「子育て支援センター」で，若いお母さんに質問してみてください。
　そのうえで，子どもの発達にとって反抗の持つ積極的な意味に関しても考えてみましょう。
　他者の共感をくぐり自分の思いを表現する中で自我が育つのであれば，この2歳児の反抗に対して，大人はどう向き合ったらよいのかについても考えてみてください。

乳幼児健診：保健師の問診 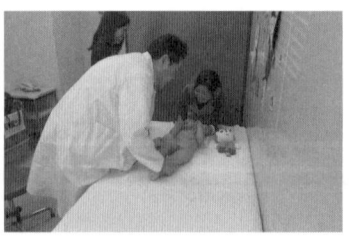　　　乳幼児健診：医師の診察 　　　乳幼児健診：身体計測

コラム1
乳幼児健診の実際

　3～4か月児，1歳6か月児，3歳児などを対象として行う健康診査（以下「健診」という）は，法律（母子保健法）に基づいて行われています。自治体によっては，さらに多くの健診を実施しているところもあります。健診の主な項目は，身体計測，医師の診察，保健師の問診（運動発達，言語発達，コミュニケーション力などの確認，保健指導，相談）です。また，1歳6か月と3歳児健診では，歯科医師・歯科衛生士も加わり歯科検診・フッ素塗布も実施します。健診の主な目的は，子どもの成長発達や親子の関係性などを確認することです。そのため，問診は子どもを取り巻く普段の環境がイメージできる項目で構成されています。問診で収集した内容と面接の様子から，保健師は育児に対する保護者の想いを読み取り，必要な情報の提供や相談を受けます。

　健診は，「子どもが"良い子"か"悪い子"かを判断する機会」と捉える方が少なからずいますが，決してそうではありません。子どもの成長を標準的な発達と比較した上でその子なりの成長を見極め，できている部分はさらに伸ばし，できていない部分を補えるような関わりを保護者と一緒に考える機会です。子どもや保護者へ関わりが継続して必要であると判断された場合には，定期的に発達の確認や必要な支援を面接や電話，家庭訪問を通して行います。その確認時に子どもが保育所に入所している場合，たとえば，南知多町では「保育所訪問」という事業で，保健師，役場保育所担当課職員が保育所に訪問して確認をしています。その中で，保育士が関わり方を検討したい場合，臨床心理士も参加します。

　保育所訪問では，健診の1対1の面接時には観察できない，集団内での子どものより具体的な発達状況の把握ができます。健診で"支援不要"と保健師が判断した子どもが，保育士の観察で"支援必要"となることもあります。次年度入学を控えた年長児の保育所訪問では，役場学校教育関係職員，入学予定の学校職員も加わります。

　子どもの成長のために，障害の有無に関係なく，保育所と家庭両面での一貫した関わりが重要だと感じています。そのため，保育士も保健師もふだんから保護者とコミュニケーションをとり，保護者の気持ちに寄り添い，一緒に子どもへのかかわりについて考えるようにしています。保育所における実際の支援では，保育士が保護者との関係性を大切にするあまり，保育の「困った感」を保護者へ伝えることへの戸惑いがあるようです。しかし，子どもが1日の大半を過ごすのが保育所です。それゆえに，保育士は子どもの特徴をよく知る人であり，保護者からの信頼は厚いものがあります。保育士は，保護者との信頼関係を築いた上で，一番身近な存在として子育てをする上での関わり方のコツを保護者に伝えていける存在なのです。

　保育士の意見やかかわりの様子は，その後の保健師や学校の，子どもへの支援体制に大いに役立っています。今後も，保健師や学校など関係機関が連携し，それぞれの専門性を生かして子どもや保護者へのより良い支援ができればと思います。

Work 2
子どもの認知とことばの発達

　左の4コママンガは，ホーナーとホワイトン（Horner & Whiten, 2005）が，チンパンジーとヒト3～4歳児を相手に，実際に行った実験をモデルにしたものです。

　これを読んで，みなさんはチンパンジーとヒトの子どもの，どちらをより「かしこい」と感じたでしょうか。課題を素早く理解し，目的であるバナナを目指してまっすぐに向かっていくチンパンジーと，目の前にバナナがあるにもかかわらず，大人のまねから始めるヒト……私たちの考える「かしこさ」が，できるだけ短時間で効率よく答えを出す，ということであれば，この勝負ではチンパンジーに軍配があがります。

　ところでこの場面において，両者はなぜ対照的なふるまいを示したのでしょうか。その鍵は，チンパンジーとヒトとの間で，課題と向き合う際の着眼点が異なることにあります。バナナの入った箱に眼を向けて，その目的を把握したチンパンジーに対し，ヒトの子どもは見本を示してくれた大人の姿に眼を向けました。つまりヒトの子どもは，目の前の大人を介して学ぼうとしていたわけです。

　この場面だけで考えれば，目の前の大人から学ぶというヒトの学習スタイルは，効率性という観点でチンパンジーのそれに劣ります。とはいえ進化のプロセスを経て，このような様式がヒトに残されたことには，何らかの積極的な意味があるはずです。ワーク2では，認知やことばの発達において，ヒト特有の学習スタイルがどのような役割を果たしているのか，またその事実をふまえたとき，ヒトがヒトを支え育む保育という場を通じて，子どもの認知やことばの豊かな発達を保障するために何が可能かを考えていきたいと思います。

Work 2-1　乳児期：0〜2歳児の認知とことばの発達

①うちの子は，ことばが遅れているのでしょうか？
　1歳児クラスの秋の懇談会を終えた後，一人のお母さんが少し緊張したおももちで，担任保育者であるあなたに「ちょっといいですか」と話しかけてきました。
　「今日の懇談会でみなさんの話を聞いて，どの子もとてもお話しが上手なんだなと感じました。でも，ご存じと思いますが，ウチの子はまだ全然お話しができません。はじめは男の子だし，生まれ月も遅いしと思ってあまり気にしなかったのですが，もう2歳も過ぎているので，主人や祖父母も心配して……」
　①あなたはこの場面で，お母さんに何をどのように伝えたいですか。そう考える理由も合わせて話し合ってみましょう。
　②保育者として話しことばの獲得を支える上で，あなたがまず大事にしたいと思うことは何ですか？　なぜそう考えるのか，具体的に取り組みたいことは何かを考えてみましょう。

②「悪いことば」を前にして
　一緒に遊ぶことを楽しみながらも，友達とのトラブルの絶えない3歳のごうた君。機嫌の悪い日には「アホ！　ウルサイワ！」と言いながら手を伸ばして友達を突き，せっかくの楽しい雰囲気を壊してしまうことがあります。そんなとき，間に入った保育者には「オイ，オマエ，クソババア！　ムコウイケ！」とますますことば遣いが荒くなることも多いのです。
　①あなたが保育者だったら，この場面でどのように言葉をかけたい／援助したいと思いますか。なぜそのように考えるかという理由も含めて，意見交換してみましょう。
　②実習をはじめとしたこれまでの子ども（乳幼児／学童）とのかかわりの中で「乱暴なことば」を口にする子どもと出会ったみなさんも多いと思います。そんなとき，あなたはどうしましたか。それに対し子どもはどのように反応しましたか。なぜみなさんがそのように働きかけたのかも含め，話し合ってみましょう。

　これら2つの問いは，どちらも「ことば」に関わる内容です。主観的には，いつの間にか身についてきたはずの私たちの「ことば」。その主な役割がコミュニケーションであることを考えると，ヒトとヒトとが関わる保育場面をはじめ，他者に思いを伝え，受け取るという，それまでと異なる形で他者との関係をつくろうとする場だからこそこのような問題は顕在化するのだといえるでしょう。
　では，2つのワークに示された問いに代表される「ことば」の問題をどう理解したらよいか，答えを急ぐ前に，本ワーク冒頭で紹介した，4コマンガについての話題の続きからまずは考えてみたいと思います。

続：チンパンジー　VS　ヒト
　先のマンガで示された課題において，問題解決の早さという点に着目すれば，チンパンジーはヒトに比べて優れた姿を見せました。しかしこの結果とは逆に，ヒトの子どもにとっては容易でも，チンパンジーにとっては大変難しい課題もあります。それは以下のうちどれでしょう。そ

の理由と合わせ，少し考えてみてください。
　①箱についているボタンを押し，ジュースを取り出す
　②布で体をふく
　③ダンスをする

　この問いを解くヒントは，先述したヒトとチンパンジーとの学習スタイルの違いにあります（明和, 2004）。チンパンジーがこの種の学習場面においてまず着目するのは，目の前に示されたモノがいかに動くかです。箱のふたを開ける，ボタンを押して中身を出す，などを手がかりに，その課題場面の目的をまず推測し，その後は試行錯誤しつつ，自分にとってなじみのある運動パターンを組み合わせて目的を達成しようとします。チンパンジーに典型的にみられるこのような学習スタイルの特徴は，トマセロ（Tomasello, M.）によって，エミュレーション（emulation: 目的模倣）と名付けられました（Tomasello, 1996; 1999）。つまりチンパンジーにとっては，モノを含み，その目的がはっきりしている①②のような問題解決は，比較的得意なことだといえそうです。

　では，③はどうでしょうか。行動の目的を推測することがナンセンスと思われるこの種の場面で必要とされるのは，何はともあれひとまず相手の行為をまねてみることでしょう。みなさんご存知のとおり，相手の動きのまねをして楽しそうに踊る姿は，ヒトの場合，幼児期はもちろん，乳児期においても日常的に見てとることができます。いっぽうチンパンジーにとっては，この種の課題は非常に難しいもののようです。

　目的に着目するがゆえに，それが見出しにくい場面では学びを成立させることが難しいチンパンジーに対し，目の前の相手のふるまいが「何だかおもしろそう！」と感じられれば，そこに気持ちと行動を重ねて模倣することから学びを始められるのがヒトの子どもです。ときに非効率な場合もあるはずのこの学習スタイルが，進化のプロセスを経て残されてきたという事実は，ヒトならではの力が，このような「目の前の他者を介して学ぶ」スタイルを基盤として獲得されてきたことを，私たちに示してくれているのではないでしょうか。

ことばは「心惹かれる相手」を介して獲得される

　ことばを駆使したコミュニケーションがヒト独自の行動様式であることは，疑いようのない事実です。つまりそれは，ことばの獲得が，目の前の相手のふるまいを手がかりとする学びのプロセスを経て成立するものであることを示唆しています。多くの子どもにおいてはおおむね1歳ごろに訪れる，生まれて初めてことばを話し始める瞬間，すなわち初語の獲得を例として考えてみましょう。

　初語を獲得するためには，当然ですがまず，単語としてことばを発することが必要になります。ただしそれは，覚えた単語を正しい言語音

としていきなり発するという行動として成立するのではありません。初語を発する前の 0 歳台の子どもからは，機嫌が良いときに「パパパパパ……」「マンマンマン……」「ダダダダ……」などの喃語（babbling）と呼ばれる連続音が聞き取れるでしょう。つまり初語の獲得を発音の観点から正確にいえば，その連続音を止めて，たとえば「パパ」のように区切る力が達成されたことのあらわれとして考えることができます。

　では，子どもがこのように喃語を区切る力を得たことによって初語の獲得が即，達成されるかといえば，それだけではまだ不十分です。「マンマ」と話しかけられたお母さん，これはきっとゴハンのことではなく，私のことだ！と感じれば，思わず笑顔になり「ママって言ったの？」と子どもにことばを返すことでしょう。その笑顔を目にした子どもは，ますます嬉しくなり再び「マンマ」と口にするかもしれません。このように，子どもが発した言語音は，それが向けられた相手による読みとりを経て，初めて「初語」として結実する可能性がめばえるのです。

　つまりことばの獲得とは，子ども自身が単に音声として整ったことばを覚え，発するということではなく，それを受け取り，読み取ってくれる相手がいることと，何よりその相手が，子どもにとって何かを伝えたくなる，信頼でき，心地良さをもたらしてくれる魅力的な存在であることを必要条件として成立するといえるでしょう。そのような意味で，子どもにとって最も身近で心惹かれる相手となりうる保育者は，ヒトならではのことばの世界を豊かに発達させていく上で欠かせない存在だと考えられます。

ことばの土台となる認知の発達

　以上をふまえ，あらためて先のワークの課題を考えてみます。子どもはことばの獲得にあたって，どのような力を支えとするのでしょうか。

　これまで見てきたように，「ことばを話せる」とは，単に語彙知識を子どもが獲得するか否かではなく，それを使って気持ちを通わせたくなる相手との，いわば共感的なやりとり関係を支えに成り立っていきます。よって，ことばそのものの獲得に先だち，相手と気持ちを伝え合う関係と，それを可能にする認知発達のしくみが出現しているはずです。

　実際に定型発達のプロセスの中では，初語の出現に先行して，物を介して相手と気持ちをやりとりする行動パターンがめばえることが広く知られています。たとえばボールを「ちょうだい」「どうぞ」と笑顔を交えながらやりとりする，はじめは少し怖かった人形が，振り返った先にいる信頼できる大人の笑顔と，そこに添えられた「大丈夫だよ！」のことばの繰り返しを経て，徐々に怖くなくなっていく……など，自分（子ども）－相手（大人）－物の間で展開されるこのような行動パターンは「三項関係（triadic interaction）」と名付けられています。それを成り立

たせる土台となる．相手とモノに同時に視線を配分することで，同じ対象への注意，ならびにそれに伴う気持ちを相手と共有する力は共同注意（joint attention）と呼ばれ，おおむね9〜10か月ごろに成立することが明らかになっています．

そしてこの共同注意および三項関係が成立することで可能になるのは，社会的参照（social referencing）という，何か新しいことに取り組む際に，大人のことを振り返る，という行動パターンです．目の前のおもちゃに手を伸ばし，大人に手渡す．大人の表情を振り返り，ポジティブな反応が得られればそれを繰り返してやってみる……．三項関係そして社会的参照とは，大人に支えられつつ，やりとりを繰り返す行動へと結びつきます．そのような「繰り返し」を土台として1歳半ごろにめばえてくるのは，表象（representation）と呼ばれる，これからを見通したり，頭の中にイメージする力です．この力もまた，ことばの大切な機能の一つである，目の前にはないもののイメージを相手に伝えていく，という点に関して，子どものことばの発達を大きく前に進める支えとなることが知られています．

「ことばが出ない」をどう見るか

1歳半を過ぎて表象の世界に入った子どもは，話しことばの世界を一挙に拡大していきます．ただしそれには大きな個人差があり，特に2歳台までの間は，いわゆる「お話し上手」な子どもがいるいっぽうで，なかなかことばが発達しない子どもが相当数いることも事実です．このような場面では，単語などのことばそのものがどの程度表出されているのか以上に，「気持ちをやりとりする」関係がことばに先だって成立しているかどうかに注目してみましょう．

たとえば，子どもと向き合って積み木の積みっこをする場面を考えてみます．さまざまなケースがあり，一概には言い切れないことも数多くありますが，積み木を介したやりとりを通じて，互いの楽しい気持ちが共感できた手応えが得られるならば，ことばのめばえに向けた根っこはおおむね育まれつつあると考えることができるでしょう．この場合は，指差しなどのジェスチャーなどから読みとれる子どもの思いをことばにして代弁する，気持ちのやりとりを楽しくことばで実況中継する（松本・第一そだち保育園, 2011）などの働きかけが，明日のことばのめばえへと結びつくものと思われます．

いっぽうでなかなかそのような手応えが感じられない場合は，めばえまでにもう少し時間がかかることを示しているのかもしれません．その場合は，ことばの知識や発音のしかたを直接教えるような働きかけより，まずはその子どもの楽しんでいる世界に一歩足を踏み入れつつ，ことばの根っことなるような気持ちを伝え合う関係をていねいに育んでいくこ

とが大切になると思われます。楽しい遊びを通じ，子どもにとって安心してやりとりしたくなる存在となることは，子どもの最もそばにいる専門職である保育者だからこそ意識的にできる働きかけではないでしょうか。

「わかって話す」とは限らない

次にワークの2番目に示した，ことば遣いの乱暴な子どものケースを考えてみます。

ことばの獲得とはそもそも，その場の目的に合った相手に伝えるためのことばを，効率よく，順を追って覚えていくという学習ではなく，目的はともかく目の前にいる相手の魅力的な言い回しをなぞる，という具体的な活動を通じ，その表現の意味に徐々に気づいていくプロセスを経て成り立つと考えられます。話しことばの力が飛躍的に伸びる2～3歳児に，次の例に代表されるような言い間違いを多々耳にするのは，そのことを反映してのものだといえるでしょう。

お話し大好きな2歳児のひかりちゃん。今日，保育園に来てくれた老人クラブの方々との昔遊びが楽しかったようです。老人クラブの方が帰られた後，みんなで楽しんだ「もうじゅうがり」ゲームの最中，「♪もうじゅうがりに行こぅーよ！」と声をあげるはずの場面で，あれ「♪ろうじんくらぶ行こぅーよ！」と……。

2～3歳ごろの子どものことばは，ときに「情余りて言葉足らず」（播磨，2005）とたとえられることがあります。本当は伝えたい思いはたくさんあるけれど，まだことばを使う力がそこに追いついていかない……。自分の聞いたことのあることばを駆使して何とかそれを使おうとした結果が，ときにこの例にあるような言い間違いとしてあらわれたり，場に合わない不適切な言いまわしとなったりする，ということなのでしょう。

乱暴なことばを前にしたとき，私たちは思わず「そんなこといってはだめ」と子どもを制止したくなります。いっぽうで認知とことばの発達の事実から導かれるのは，この時期に使われる乱暴なことばは，まだ，年長児と同様の意味を持ちえないだろうということでしょう。子どもはそのことばをわかって使っているというより，他の何か言いたいことを，そのことばに託しているはずです。そんなとき私たちに求められるのは，乱暴なことば遣いを単に制止することを越えて，「○○ちゃんのいいたいのは，こういうこと？」と，ふだんのその子どもの生活や思いをふまえて，一緒にその中身を探ることではないでしょうか（松本・常田・川田・赤木，2012）。

子どもの発達プロセスにおいて見られる一見ネガティブな姿には，た

いていの場合，次への一歩が隠されています。それをていねいに探り，支えていく働きかけの繰り返しが，子どもたちに本当の意味でことばで伝え，伝えられた手応えを育むことに結びついていくのでしょう。

●―● 応用ワーク ●―●

・子どもの口頭詩集をつくってみよう

　これまで見てきたように，子どものことばは，心惹かれる相手との対話を通じて獲得されていきます。そんな子どもたちは，ときに大人の想像を越えたことばを口にしたり，大人にはまねのできない言い回しで目にしたものを表現したりするでしょう。ただしそれは，そのまま誰かが聞き取られなければ，時間とともに消えてしまうという質のものです。

　実際に乳幼児と接する場面をつくって，そんな子どもたちのことばやつぶやき（＝口頭詩）を記録してみてください。いくつかまとまったら，何歳ごろの子どもが，いつ，どんな場面でそのことばを発したのかを整理し，増田（2009）などを参考にしつつ，そのようなことばの背景にある子どもの思いを考えてみましょう。保育実習などの機会を活用する場合は，①1～2歳児クラス，②3歳児クラス，③4～5歳児クラス，などの年齢別に分けて子どもの口頭詩集をつくり，それぞれのちがいを比較してみるのもよいでしょう。グループワークとして実施し，友達どうしで考え合うのもいいと思います。

　ヒキガエルを飼っていた，とある幼稚園での話です。エサとして生きている虫が必要だとわかり，意気揚々と虫取り散歩に出かけた5歳児たち。首尾よくカマキリを捕まえたあやかちゃん，いざそれをカエルにあげる段になり，ふと我に返って保育者にたずねました。

　　「せんせい，カマキリとカエル，どっちが大事？」[1]

　みなさんが保育者だとすれば，この場面で子どもにどのようなことばを返すでしょうか。

　子どものどのようなことばを聞き取るか，またそれにどのように応答するかには，その保育者の保育観と，その背景にある人間観が端的にあらわれるはずです。まずはその一歩として，子どものことばを丁寧にピックアップし，記録する習慣をつけたいものです。

[1] 香川県三豊市立麻幼稚園での保育実践例から（子どもの名前は仮名）

Work 2-2　幼児期：3～5歳児の認知とことばの発達

①一番古い思い出は？
　みなさん自身が思い出せる，自分の最も古い記憶について振り返ってみてください。以下のそれぞれについて，そのときの年齢も含めて情報交換してみましょう。
・「出来事」の記憶：　　例）×歳ごろ，○○に出かけたときケガをした
・「心の動き」の記憶：　例）幼稚園の先生に，「大きくなったら何になりたい」と聞かれた。私より先に聞かれた友達はみんな「幼稚園の先生！」と答えた。私は本当はパン屋さんになりたかったが，なんだか先生に悪い気がして「幼稚園の先生」と言ってみた。

②子ども同士の思いがずれたときに
　ある日の4歳児クラスでの出来事です[2]。この日の主活動は，ホールでの班対抗のゲーム大会でした。ゲーム前のウォーミングアップとして行う遊びを班ごとに選び，ホールに移動……となるかと思いきや，1つの班は意見がまとまらず，保育室に取り残されてしまいました。
　子どもは5人。「股くぐり」がしたい子が4人。「マット押し」がしたい子が1人。2人担任のうちの1人の保育者がそばについて話し合いです。それぞれの思いを改めて確認したところ，マット押しを主張するかいくんに向け「（意見が）1人になった！」とゆうちゃんが口にします。それを制しつつ「（マット押しがしたい）かいくんの気持ちもあるよ」と保育者が子どもたちに向けて問い直したところ，かいくんが改めて「この間くぐり抜けしたから，今日はマットにする」と……。
・あなたが保育者だったら，この後の場面で子どもたちをどのように援助し，ことばをかけたいと思いますか。なぜそのように考えるかをという理由も含めて，意見交換してみましょう。

[2] 香川県高松市香南こども園での保育実践例（子どもの名前は仮名）

　ワーク2-2のはじめの問いは「記憶」に関わる内容です。私たちはいつ，どのように自分の記憶をめばえさせ，それを後から思い出せる形で織りなしていくのか，また，それによって子どもの行動はどのように変化するのか，記憶を成り立たせるメカニズムと深く関連する認知とことばの発達をふまえつつ，このことをもう一歩深めていきたいと思います。

一番古い思い出とはどのようなものか

　「一番古い思い出」について互いに話し合ってみると，幼児期の記憶がわりと残っている人と，そうでない人の個人差があることに気づくでしょう。また，仮に記憶が残っている人でも，考えてみれば「自分の最も古い記憶」とは何を指すかがわからなくなってしまうこともあるのではないでしょうか。たとえば，次のエピソードはいかがでしょう。
　「額を見ると，確かに幼い日の傷跡が残っている。それは3歳ごろ，親戚で集まったときにガラスに突っ込んでケガをしたときのもののはずで，その当時のことも覚えている気がする。けれどもこの話は家族や親戚から繰り返し聞かされているから，もしかして覚えているのはそのと

きに起きたことそのものではなく，周りから聞いた話なのかもしれない……。」

①で話し合われた「自分の最も古い記憶」のうち，前者の「出来事」の記憶は，人によっては２〜３歳の，比較的早い時期から残されているかもしれません。いっぽうでそれは，この例のように，その中身が本当に自分自身の，いわば純粋な記憶に基づくものなのか，それとも後に他者から耳にした話から再構成されたのか，判然としないことも多いのではないかと思います。

では，後者の「心の動き」の記憶についてはどうでしょうか。次のエピソードを見てみましょう。ある大学生が自身を振り返ってみた，何とも気の毒な話ですが……。

　……４歳ごろ，おばあちゃんの家の畳の上で昼寝をしていたら，当時赤ちゃんだった弟を抱いたお母さんが，私の足を踏んで通過していった。私は激痛で目が覚めて，本当はお母さんに足を踏まれたってわかっていたけれど，なぜか申し訳ない気がして，自力でこたつに入って泣いた。やっぱりどうしても痛くて，後から病院に行ったら小指を骨折していた。理由を聞かれて私はとっさに「こたつに足をぶつけた」と言ってしまった。
　今でも私はお母さんに言えません。20歳になったらカミングアウトしようかと思っています……。

このエピソードのうち「小指を骨折した」という事件については，間違いなくお母さんの記憶としても残されているでしょうし，その後親子の会話においても，幾度となく話題にされたかもしれません。これに対し，「なぜか申し訳ない気がして……」という思いは，実は踏まれて骨折していた，という事実と合わせ，この学生本人しか知らないもののはずです。このことはつまり，いくつかある自身の古い記憶のうち，それがこの種の「心の動き」に類するものであれば，それは自分の最も古い記憶である可能性が高い，ということを意味しています。個人差はありますが，この種の記憶はおおむね，４歳ごろを境にめばえることが多いのではないかと思われます。

なぜヒトは思い出を持てるのか
　では，このような自身の心の動きに類する思い出は，どのような力を支えとして獲得されるのでしょうか。
　心の動きを自覚するためには，まずそれを，いわば「内に秘めた自分の思い」として，外に見せる行動と別の世界のものとして機能させることが求められます。さらにはそれを，思い出としてまとめ上げるだけの

力も必要です。このときに用いられる，自らの内なる心の動きを担う機能を持つ自分のためのことばを，ヴィゴツキー（Vygotsky, L. S.）は「内言（inner speech）」と呼びました（ヴィゴツキー，2001）。つまりそれまで身につけてきた「コミュニケーション」に加え，ことばの新たな役割をこの時期に獲得することが，「心の動きの思い出」の保持を可能にするわけです。

　この「内言」の獲得は，心の動きの思い出を支える以外にも，子どもの認知発達にさまざまな形で影響をもたらします。たとえばこの時期に大人と同様に答えることが可能になる「一次的信念課題」の例を考えてみましょう。図 2-1 の課題において，「今，ビー玉が入っているから」という理由で「箱」を選ぶ3歳前半児に対し，4歳を超えた子どもの多くは，「今，ビー玉が入っている」という事実と，「登場人物は，最初に入れたところにビー玉があると信じているはず」という心の動きを区別し，「カゴ」を選ぶことができるのです（Wimmer & Perner, 1983; Baron-Cohen,

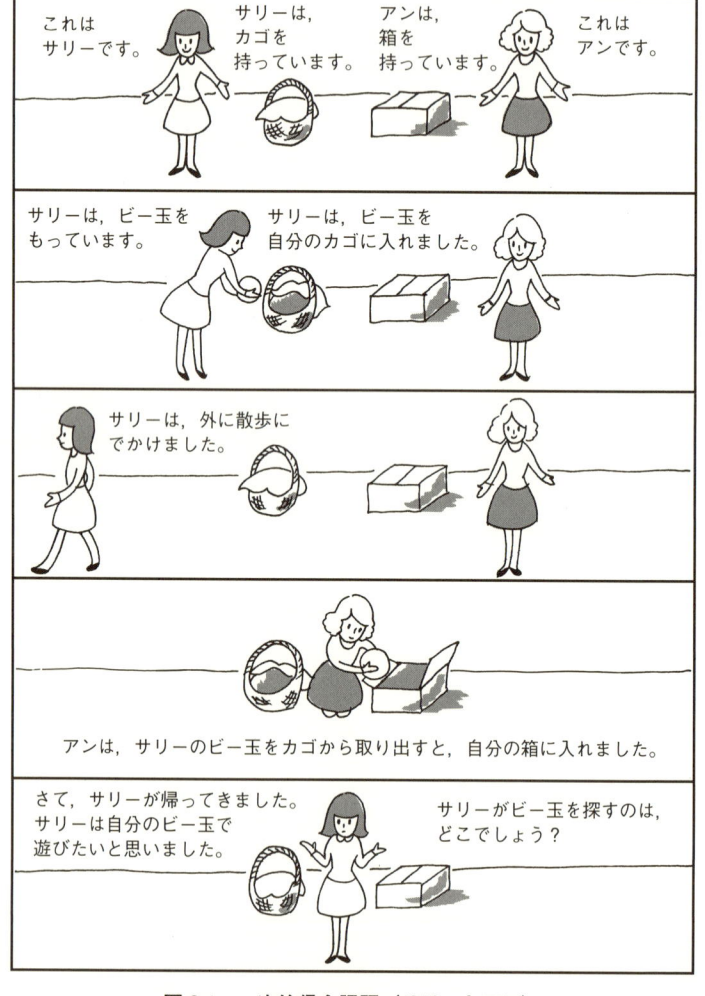

図 2-1　一次的信念課題（サリーとアン）

Lesile, & Frith, 1985)。内言とはこのように，自らの心の動きを支えるだけでなく，自分とは異なる相手の心の動きを理解する，いわゆる心の理論（theory of mind）獲得の土台にもなっていきます。

振り返り，考え始めたからこそ
　これまで見てきたように，内言によって表には見せない心のうちを保持し，友達の心の動きを理解し始めた4歳児は，その力を幼児期の生活においてどのような形で発揮していくでしょうか。2人の大学生，ちなみさんとまりなさんがそれぞれ振り返った，4歳ごろのエピソードを見てみましょう。

　【ちなみさん】
　……4歳のころ，私は友達3人と「火をおこそう！」と思いついて，園にある自転車と石と葉っぱで，必死に火をおこそうとしていた。1人が自転車をこいで，1人がタイヤに石をくっつけて，1人が葉っぱをセットして，1人が応援という役割を交代しながら頑張っていた。火がつきやすい石を探したり，時々ケンカしたりしながらも，1か月くらいずっとやっていた。危ないことをしているのに先生が禁止しなかったのは，自分たちがあまりにも真剣に取り組んでいたからなのかな？と思う。結局火はおこせなかったが，今でも当時のことは全員覚えている……。

　【まりなさん】
　……4歳児クラスで過ごしていたある日，先生が「のどがかわいたー」と言っていたので，「先生に何か飲み物！」と思った私を含めた仲良し3人組は，幼稚園を脱走し，道路を渡った先にある自動販売機へ飲み物を買いに行くが，お金を持っていないことに気づいたとき，先生に見つかる，という事件がありました。母にはめちゃくちゃ怒られましたが，謝りながらも「先生にジュースあげようと思っただけだもん」と心の中で思っていた記憶があります……。

　内言を獲得する4歳台は，ときに「自己コントロール力」を発揮する時期とも称されます。自己コントロールとは文字どおり，自分なりの考えに基づき，自らの行動を調整していくということです。難しそうだからこそ考え，工夫して挑戦してみる，一度でできなくても，自分自身を励ましてもう一度「練習」してみるなどの力を発揮し始めたばかりのこの時期には，この2つのエピソードにあるように，自分なりに考えた結果を友達のそれと重ね合わせ，大人から見ると驚くようなことに挑戦する姿がときに見られるかもしれません。

それとは逆に，これまでできていたはずのことが急にできなくなる，何かをするとき恥ずかしそうな態度を見せたり，ふざけたりすることが多くなってくるのも，この時期の子どもによく見られる姿でしょう。これらはどちらも，内言を使って子どもなりに「考えて動き始めた」一つの結果として理解できます。考えるからこそ，たとえ突拍子もない発想だとしても，なんだかできそうな気がしてチャレンジしてみる。またいっぽうで考えるからこそ，できそうにない自分の姿が見えてきて，気持ちが後ろ向きになる……同時期に見られるこの対照的な特徴は，どちらも同じ認知発達のメカニズムを土台にするものです。その双方の間で葛藤し，揺れ動く姿こそ，4歳児らしさと言うべきものかもしれません。

さて，私たちは保育者として，内言の世界で考え始めたこの時期の子どもたちをどのように支えていくことができるでしょうか。先のエピソードでジュースを買いに幼稚園を脱走したまりなさんの先生は，叱るよりもまず，子どもたちに「どうしてそんなことをしたの？」「道路に飛び出したらどうなるかな」と理由を聞いたそうです。「始めたばかり」のプロセスにおいて，思うようにいかない場合が多々あることは，私たちの誰もに共通します。しかしながらこの「考え始め」の時期に，たとえそれがすぐにうまくいかなくても「考えて行動する」機会を存分に与えられた子どもたちには，その後の発達プロセスにおいてそのような豊かな経験を存分に活かし，自ら考え，動くための土台が形づくられていくでしょう。それは，子どもたちの考えようとするプロセスを尊重する保育者の適切な働きかけがあって，初めて可能になっていくはずです。

認知とことばの発達を保育実践と結ぶ

このことをふまえ，最後に改めて，ワーク 2-2 の第二の問いで示した保育における典型的な場面を例に，援助のポイントを考えてみましょう。

子ども同士の思いが異なったり，それがもとでトラブルになりかける場面は，集団保育の場ではごく日常的に見られる姿でしょう。このとき，仮に 4 歳に満たない子どもたちであれば，先述した「一次的信念の理解」の発達をふまえると，「自分とは異なる相手の立場」を頭の中で理解し，自らの行動に反映させるのは容易ではないものと思われます。4 歳に満たない子どももちろん，自分なりのやり方で相手のことを考え，思いやろうとしていることは確かです。が，それを場にあった形で継続的に発揮するためには，大人が子どもたちの間に入り，適切なタイミングで問い直しながらやりとりを具体的に援助することが欠かせないと考えられます（松本ら，2012）。

では，内言を用い始め，一次的信念を理解できるようになった 4 歳児以降ではどうでしょうか。ワーク 2-2 に示した場面では，ふと思い立った子どもの 1 人が「（股くぐりの）トンネル，どうしてもしたいん？」

と自分から改めて仲間に問いかけてみるなど，それぞれ一生懸命自分の思いをことばにして伝えながらしばらく話し合いが続きました。しかし，先に遊びを決めてホールに移動した友達の歓声が遠くから耳に入る中では，早くそちらへ行きたい思いもあって，自分たちだけで決めきるのはちょっと難しかったようです。しばし話した後，「他のチームが何をしているか見てこようか」と保育者に気持ちを切り替えてもらい，続きはホールで，ということになったのでした。

　この場面において，多数決やじゃんけんで決める，という方法もあったかもしれません。しかし，そこで子どもたちのそばにいた保育者はそうはしませんでした。時間をかけても自分の思いをことばにして，互いに考え合うことがこの子どもたちには必要である，という思いが，話し合いを直接支えた保育者はもちろん，もう一人の先にホールに向かった担任保育者との間でもはっきりしていたからこその働きかけだったのでしょう。

　実際に決めきることが難しかったのは，内言を使い始めたばかりである4歳児の認知発達上の限界でもあったと思われます。とはいえ子どもたちには，話し合いをもとに実際に決められたか否か以上に，このような場を体感できたこと自体が，これから自らの思いをことばにして，仲間との間で折り合いをつけつつ考える土台となる，一つの大きな財産となったのではないでしょうか。

　子どもたちが自ら考え行動する機会を保障するとは，言い方を変えれば，大人の予想や望ましいと考える行動と異なる方向に展開される「無駄」や「逸脱」も含み込みながら，子どもたちの経験を育んでいくことのはずです。「わかる」から，すぐ「できる」わけではない。私たち大人に求められるのは，子どもの認知やことばの「できない」部分に焦点をあて，それを引き上げようとする働きかけより，一見冗長にも感じられるだろう，子どもの「わかりつつある」「できつつある」プロセスをともに楽しんでいくことかもしれません。認知やことばの発達を学ぶことは，そのような場面での子ども理解の見通しを私たちに与えてくれることでしょう。

応用ワーク

・自画像を描いてみよう／描いてもらおう

　自画像を描く場合はたいてい，正面から見た自分の絵を描くことが多いと思います。ここでは，後ろから見た自画像や，横から見た自画像を描いてみてください（鏡は使わずに）。また，4～5歳児や小学1～2年生と触れ合う機会をつくって，そのような絵を描いてもらいましょう。

　ここでの問題は絵そのものの巧拙ではなく，どのような視点から描けているかということです。後ろや横から見た自画像の髪の毛や眼，鼻，耳などの位置が，大人の描くそれと同じような視点から描けているならば，それは子どもの自己認知の力が，大人のそれに近い形で発達しつつあることを示しています。①5歳前半まで，②5歳後半，③6歳以降に分けて，描きぶりの変化を比べてみましょう。

　自身の特徴を捉えるまなざしは，当然ながら他者の特徴を捉えることにも結びつきます。そのような発達的な土台は，先述のような子ども同士の思いがすれ違う場面で，相手の思いと自分の思いを調整しつつ，子どもたち自身で考えていく力へと結びついていくものと思われます。大人と同じような視点から自画像が描ける子どもたちは，友だちと話し合ったり，教え合ったりする場面で，これまでと異なる姿を見せてくれるはずです。その様子を観察して，レポートしてみましょう。

かなしい気持ちをママにもわかってほしい……

コラム2
ことばの遅れに関する発達相談―臨床心理士の立場から

　臨床心理士が，ことばの遅れが見られる子どもとその保護者の発達相談を行う場面としては，1歳半健診，3歳児健診，保健センターでの発達相談，保育園の巡回指導（相談），医療機関の外来における発達相談（小児科や児童精神科）が代表的なものとして挙げられます。いずれも保護者と子どもの親子での来談が主で，個別での相談となります。相談までの経緯は，発達チェックを行った医師や保健師，保育士などの専門家からの勧めで相談を受ける場合，保護者の方が自ら発達が気になるということで相談を受ける場合に大別されます。最近は，発達障害について周知されるようになりましたので，保護者の方の自発的な来談も多くなりました。

　ことばの遅れと一言で言っても，年齢相応の語彙数がない，話しているようだけれどはっきり聞き取れることばが少ない，語彙は増えているが会話がうまく続かないなど（ことばの使用の遅れ），その状況はさまざまです。また，背景要因は子どもによってそれぞれで，個人差の範囲の場合，発達障害や知的障害が関係している場合，耳の聞こえが関係している場合，発音に関わる身体機能障害が関係している場合，またそのうちの2つ以上が重なっている場合などがあります。

　臨床心理士は，限られた時間と場所の範囲内で，できる限り子どもの自然な姿を観察し，また直接関わってみます。保護者の方からは，まずことばの遅れの状況について，気になることや困っていることをはじめ，具体的に話を聞きます。このとき，発語のみならず，ことば以外のコミュニケーション（表情や身振り手振り，アイコンタクトなど），理解（大人が言っていることがわかるか，色や大きさの概念などがことばで伝えて理解できるかなど），集団での様子，子ども同士のかかわり，親子関係，運動発達の発達状況，家庭環境や通園施設の状況，その他の子どもの特徴などを確認します。より正確に発達についてチェックする必要があるときには，心理検査（発達検査や知能検査）を実施することもあります。

　こうした中で，ことばの遅れの状況を把握し，それにはどのようなことが関係しているのかを考えていきます。そして，子どもの現在の状況を心理学的立場から解説して，保護者の方の子ども理解を支援し，子どもの置かれている状況の中でできる，発達段階にあったかかわりについて一緒に考えます。保健センターなどが主催する親子教室など活用できる社会資源を紹介したりもします。可能な場合は，定期的に発達状況を確認しながら，その都度その子にとってどのようなことが必要なのか，保護者の方が精神的に安定して子育てをしていけるように相談を続けていきます。

　何らかの障害が疑われるようなとき，医療機関での診断とその後のケアが有効な場合もあります。保護者の方には，そのメリットについてお伝えし，ご紹介することも多くあります。また，保育園や幼稚園にすでに通っていて，その園との連携ができる場合には，コンサルテーション（専門家同士が子どもの問題状況について，より良い援助の在り方を話し合うこと）を行い，多面的にアプローチすることもあります。

　このように，発達相談は，保護者がわが子を理解して，資源を活用しながら子育てに前向きに取り組むことをサポートすることで，子ども自身ののびのびとした成長に繋げることを目的とします。もちろん，親子のペースも尊重しながら，慎重に進められるものでもあります。

Work 3
子どもの愛着と社会性の発達

　一時保育のお手伝いをしていた学生時代，はじめて出会う子どもたちに泣かれることがよくありました。私が1歳児のなみちゃんに怖がられてしまったように，みなさんも久しぶりに会う親戚の赤ちゃんに泣かれてしまったり，電車の中や街で出会う子どもに笑いかけたら，怖がられてしまったという経験があるのではないでしょうか。乳幼児が，初めて会う人や久しぶりに会う人に対して，視線をそらしたり，接触を拒んだり，不安そうな様子を見せたり，泣いたりする行動を人見知りと呼びます。人見知りは生後6か月ごろから見られるようになり，3歳ごろには目立たなくなる場合が多いといわれています。見知らぬ人を避けると同時に，子どもは自分にとって身近な人との心理的，身体的接触を求めます。なみちゃんも，お兄ちゃんにくっついていると少し安心できるようでした。

　そして，お兄ちゃんのように3歳児ともなると，身近な大人が離れていても，友達と一緒にご飯を食べたり，遊んだりして過ごすことができるようになっていきます。子ども同士での遊びが楽しくなり，遊びの中で友達との関係を深めていきます。また，泣いているなみちゃんをぎゅっと抱きしめる頼もしい様子からは，3歳児であっても，他の子どもへの思いやりを行動としてあらわすことができることがわかります。

　子どもは，親や保育者のような身近な大人との関係を基礎にしながら，保育園や幼稚園での遊びやいざこざの中で，人との関わり方や，良いこと，悪いことへの理解を徐々に身につけていきます。そして，大人や友達に対して，ときに深い思いやりの気持ちを向けるようになります。このような大人や友達とのかかわりの変化を，本ワークでは「子どもの愛着形成」と「子どもの社会性の発達」として解説していきます。

Work 3-1　子どもの愛着形成

新入園の子どもたち―保護者を求めて泣く姿をどう理解するか

エピソード
　4月初旬。1歳児クラスに新しく入園してきたあんちゃんは、保育園へ登園しても「ママ〜」と泣いて、なかなかお母さんから離れられない様子。保育室から出ようとするお母さんの後を追いかけ、しがみつきます。お母さんもそんなあんちゃんを見て不安そうにしています。そこへ担任の先生がきました。先生は、お母さんとあんちゃんにそれぞれ笑顔で挨拶をし、あんちゃんの様子や保育園で使用する持ち物のことについて、お母さんと話し始めました。先生が笑顔でお母さんの話を聞いているうちに、話しているお母さんの表情も柔らかくなってきます。お母さんの顔を見ていたあんちゃんもいつの間にか泣くのを止め、お母さんと先生の顔を交互に見ています。
　お母さんと別れる際、再びあんちゃんは泣き始めました。先生はあんちゃんを抱っこし、「あんちゃん、ママがいいよ〜って言ってるんだよね。ママ、お仕事が終わったら帰ってきてね〜」とお母さんに向け手を振ります。先生は、泣いているあんちゃんを抱っこしながら、あんちゃんの好きな歌を歌います。先生の歌声にひかれてふとあんちゃんが顔を上げると、先生は、あんちゃんと目を合わせ、にっこりと笑顔を向けます。

　ワーク①　新入園児のあんちゃんにとって、初めての保育園や初めて出会う保育者は、どんな場所や存在だと思いますか？　また、あんちゃんはなぜお母さんと離れたがらないのでしょうか？　あんちゃんの気持ちになって考えてみましょう。
　ワーク②　あんちゃんやお母さんに対する先生のかかわりを読んで、入園したての子どもや保護者を迎える保育者の心構えや関わり方として、大切だと思うことを考え、話し合ってみましょう。

新入児にとっての保育園

　新入園児の多い4月は、保護者から離れることを嫌がったり、保育室に入らず廊下で保護者を求めて泣いていたりする子どもの姿を見かけます。1歳児のあんちゃんにとって、初めての保育園とはどんな場所なのでしょうか。先ほどの4コママンガでも紹介したように、子どもは初めて出会う人に対して、人見知りをすることが少なくありません。保育園には、保育者だけでなく、子どもたちや子どもの保護者など初めて出会う人たちがたくさんいます。新入園児のあんちゃんにとっては、「この人たちはだれなんだろう？」「どんな人たちなんだろう？」と、初めて出会う人に対して不安や緊張、恐れを感じている状態であるといえます。また、初めての場所にも子どもは不安を持つことがあります。場所見知りと呼ばれる現象です。初めての人や場所に対してどの程度不安を持つかは、子どものそれまでの経験や気質によっても変化しますが、子どもが保護者とそれ以外の人や、いつもいる場所と初めての場所との違いを明確に区別している証拠でもあります。

　そして、あんちゃんはなぜ母親と離れたがらない様子を見せたのでしょうか。それは単に、あんちゃんにとって新しい場所への不安があるだけでなく、安心できる存在から離れたくないという気持ちがある

からです。乳幼児期の子どもには，不安や恐れを感じたときに，安心できる特別な他者を求める傾向があります。これを心理学では，愛着（attachment; アタッチメント）と呼んでいます。

愛着とは

　愛着とは，特別な対象に対する情緒的結びつき（affectional tie）のことで，ボウルビィ（Bowlby, 1969）によってその概念が提唱されました。自分が一人取り残されたり，苦痛や不快に見舞われたりと不安や恐れの感情が強く経験されたとき，乳幼児は愛着を向ける身近な人，すなわち愛着対象と一緒にいることで気持ちを落ち着かせ，安心して活動したいという思いを持っています（遠藤, 2011）。そのために，愛着対象である身近な養育者を求める行動（愛着行動）があらわれてきます。愛着行動は，定位行動（愛着対象を目で追ったり，声のする方を向いたりすること），信号行動（微笑や発声，泣きといった信号を通して，愛着対象を自分に引きつけたり，接近させたりすること），接近行動（子ども自身が接触を求めて相手にしがみついたり，後追いをしたりすること）の3つが主なものです（藤崎, 1998）。入園当初，保護者から離れずにいる子どもの姿は，自分の感じている不安な気持ちを愛着行動としてあらわしている姿と考えることができます。

愛着形成の過程

　あんちゃんは，4月当初，保育者ではなく，母親を求めて泣いていました。これは，あんちゃんが保育者と母親を明確に区別していることをあらわしています。しかし，この愛着対象とそれ以外の人を区別する力は，生まれたときから存在するわけではなく，養育者とのかかわりの中で育まれていくものです。ボウルビィ（1969）は，愛着行動の発達を4つの段階に分けて説明しています（表3-1）。

　1歳児のあんちゃんは，愛着行動の第3段階にあります。そのため，慣れ親しんだ母親とそれ以外の人をはっきり区別して見知らぬ人への恐れや警戒心が強くなる時期であるといえます。次に，4コママンガに描かれた3歳児のお兄ちゃんは，母親と離れても，泣かずに過ごすことができるようになっていました。これは，養育者の存在を忘れているということではなく，愛着の発達が第4段階に入り，養育者のイメージが子どもの心に内在化されたことをあらわしています。このように，子どもの心の中に内在化された愛着対象のイメージのことを内的ワーキングモデルと呼びます。内的ワーキングモデルは，単に愛着対象に対するイメージだけではなく，自分自身が愛されうる対象であるかという自己のイメージや，愛着対象以外の他者が自分にどのように関わってくれるかといった他者一般に対するイメージも含むと考えられています（坂上，

表 3-1　愛着行動の発達段階（岡本・塚田‐城・菅野（2004）を参考に作成）

段階	子どもの様子
第1段階 （誕生～生後3か月ごろ）	赤ちゃんは、じっと見つめたり、目で追ったりすることで、注意を向けることができる（定位行動）。また、泣きや微笑、発声によって発信することもできる。この時期の赤ちゃんは、親など特定の人だけでなく、誰にでも定位行動や発信行動を示す。
第2段階 （生後3か月～6か月ごろ）	乳児の定位・発信が、特定の人に向けられるようになる。母親などよく関わる他者ほどよく見つめ、よく微笑み、よく発声するようになる。
第3段階 （生後6か月～2,3歳ごろ）	人見知りが始まる。慣れ親しんだ人と見知らぬ人をはっきり区別し、見知らぬ人への恐れや警戒心が強くなるためである。一方、慣れ親しんだ人への愛着も深まり、母親など愛着対象を安全基地という心の拠点として探索行動を始める。この安全基地は子どもの視野内に存在し、不安が生じたときには、母親への接近・接触を求めることになる。
第4段階 （3歳以降）	母親などの愛着対象が安全基地としてたえず視野内に存在しなくとも、そのイメージは子どもの心に内在化され、情緒的な安定が図れるようになる。

2005）。したがって、乳児期以降の子どもの人間関係にも大きく影響を及ぼすものであるといえるでしょう。

愛着の個人差

　ワークでは、母親と離れる場面で泣いて母親を求めるあんちゃんの姿を紹介しましたが、保育園において、親と離れる際の子どもの姿はさまざまです。親から離れても泣かずにいる子や、あんちゃんよりもいっそう強く親を求め、親が見えなくなった後も気持ちを立て直せずにいる子もいます。それぞれ見せる姿はさまざまですが、エインズワースたち（Ainsworth, Blehar, Waters, & Wall, 1978）によって行われたストレンジ・シチュエーション法という実験的観察法により、その個人差が明らかになりました。エインズワースたち（1978）は、1歳台の乳児を対象に、母親との分離と再会の場面における子どもの反応を検討しました。その結果、現在では、愛着の個人差として4つのタイプがあることがわかっています（表3-2）。

　どのようなタイプの愛着が形成されるかは、親の養育態度や子どもの気質、それまでの親子の関わり方によって変化します。Aタイプ（回避型）、Bタイプ（安定型）、Cタイプ（アンビバレント型）は、子どもの気質と親の養育態度の相互作用の結果として考えられていますが、Dタイプ（無秩序型）の子どもについては、虐待を受けている可能性や母親自身の精神的な障害の可能性も示唆されています（Main & Solomon, 1990）。

表 3-2　愛着の個人差 (岡本・塚田-城・菅野 (2004) を参考に作成)

愛着の質	親からの分離時と再会時の子どもの様子
Aタイプ（回避型）	親と離れても泣くことがなく，再会したときにも親から目をそらすなど，親を回避する行動が見られる。親がいてもいなくても，ひとり遊びが多い。
Bタイプ（安定型）	親が見える範囲内にいれば，積極的な探索行動も見知らぬ人へのかかわりも見られ，親を安全基地としている。親と離れたときには悲しみの表情を浮かべ，再会時には親を歓迎し，接近・接触など愛着行動が高まる。再開後しばらくすると落ち着き，探索行動を始める。
Cタイプ（アンビバレント型）	親と離れる際に非常に強い不安や混乱を示す。再会時には親に身体接触を求めていくが，その一方で，怒りながら親を激しく叩いたりする。
Dタイプ（無秩序型）	親に対する近接と回避という本来なら両立しない行動が同時的に見られる。例えば，顔をそむけながら親に近づこうとしたり，親にしがみついたかと思うとすぐに床に倒れ込んだりする。不自然でぎこちない動きを示したり，タイミングのずれた場違いな行動や表情を見せたりする。さらに，突然すくんでしまったり，うつろな表情を浮かべつつじっと固まって動かなくなってしまったりする。

子どもにとって安心できる存在になるために

　保護者も子どもも不安になることが多い新入園の時期，保護者や子どもが安心して登園できるよう，保育者としての心構えや手立てが大切になります。エピソードを読んで，先生の関わり方として大切だと思ったことを考えてみてください。

①保護者や子どもと笑顔で関わる

　まず，先生が，保護者にも子どもにも笑顔で関わっているのを大切な点として挙げた方が多いのではないでしょうか。ことばで話すことやことばを理解することの発達が十分ではない乳児期には，周りの大人の表情や，声の様子にあらわれる気持ちの状態によって，乳児の気持ちの状態が大きく変化することがわかっています。これを情緒の伝染と呼んでいます。ハヴィランドとレルウィカ（Haviland & Lelwica, 1987）は，乳児が母親の喜びの表情には興味を示し，悲しみの表情には不安になることを明らかにしました。保護者や保育者の表情は子どもの気持ちに大きく影響するといえるでしょう。

　また，先生と母親が笑顔で会話する姿を見て，あんちゃんは泣くのを止めました。一番身近な存在である母親が先生に笑顔を向けたことは，あんちゃんにとって大きな意味があると考えられます。子どもは1歳前後から，自分がどのようにふるまったらよいかわからない状況においては，信頼できる他者がどのようにふるまっているかをうかがって，自分のふるまいを決める様子が見られるようになります。この他者のふるまいを参照する行動は，社会的参照（social referencing）と呼ばれています。母親が見知らぬ他者と楽しそうに話している場面を見た子ども（15か月児）の方が，そういった場面を見なかった子どもよりも，その見知

らぬ他者からの働きかけを受け入れ，不安を示さなかったという実験結果もあります（Feiring, Lewis, & Starr, 1984）。保育の場に当てはめて考えると，たとえ1歳前後の乳児であっても，会話中の母親の表情や声の様子から，保育者がどのような存在なのか判断するための手がかりとしていることが考えられます。

②乳児の気持ちに共感し，言葉にする

　また，先生があんちゃんの気持ちに共感し，それをことばにした点に着目した方もいるかもしれません。子どもの動きや表情から子どもの気持ちを受け止め，共感的に応じることを情動調律（affect attunement）と呼びます（Stern, 1985）。先生が，母親と離れ，悲しんでいるあんちゃんの気持ちを汲み取り，「ママがいいよ〜って言ってるね。お仕事が終わったら帰ってきてね〜」と言葉にしている姿がまさに情動調律のあらわれです。情動調律は，大人側の一方向的な働きかけではなく，子どもの側にも自分の気持ちが受け止められたという感覚が生まれます。自分の不安を受け止めてくれる大人の存在により子どもは安心し，その大人に甘えたり，自分の気持ちを表現したりするようになっていきます。同じ大人から何度も繰り返し気持ちを受け止められることで，子どもはその人への信頼感を積み重ねていくことになります。

③その他の工夫として

　ワークでは取り上げなかったその他の工夫についても紹介しておきたいと思います。入園したての子どもの心の安定を支えるために，登園時に家庭からお気に入りのものを一緒に受け入れる取り組みが行われている保育園もあります（斎藤, 2013）。たとえば，佐々木（1997）は，入園当初から，母親のTシャツの切れ端をいつも握りしめている1歳児の姿を報告しています。その子どもは，4月に入園してから数か月の間は，布がないと落ち着かない様子でしたが，9月ごろには遊びに夢中になると布がなくても平気になっていったそうです。この子どもにとってのTシャツの切れ端のように，愛着対象と離れる際，お気に入りの物をいつもそばに置いておいたり，眠るときに持っていたりと，物に対して愛着を向ける子どもの姿が見られることがあります。イギリスの精神科医ウィニコット（Winnicott, 1971）は，子どもが愛着を向ける物のことを移行対象と呼びました。移行対象は，およそ1歳後半ごろから2歳ごろにかけて多く見られ，日本における移行対象の出現率は30数％程度であることが報告されています（遠藤, 1990; 富田, 2007）。移行対象は，ぬいぐるみやタオル，毛布など，母親などの愛着対象のイメージのある物が選ばれやすく，愛着対象とのほどよい距離感をつくり出すことを促すと考えられています。

保護者を求めて泣く姿をどう理解するか

　日本では,「子どもは3歳までは母親のもとで育てることが大切である」という3歳児神話と呼ばれる誤った考え方が根強く残り,特に0歳児から2歳児までの3歳未満児を保育園に預けることについて「かわいそう」といったネガティブなイメージを持つ人が少なくありません。新入園児が保護者を求めて泣いている姿を見ると,保育者自身もそういった気持ちを抱くことがあるのではないでしょうか。しかし,愛着対象は必ずしも母親に限定されているわけではなく,乳幼児は,自分と関わる複数の人と愛着関係を結ぶことができます。父親や祖父母,保育者などさまざまな大人との間でも,愛着関係は成り立ちうるものなのです。保育者として,子どもがなぜ不安になるのかを理解し,共感的に関わる中で,子どもが安心して自分を表現できる関係を築いていくことが大切です。そのために,子どもの愛着形成に対する理論的な理解とともに,子どもと関係を築いていくための実践の基本を知ることが重要であるといえます。

応用ワーク

　みなさんが保育園や幼稚園に通い始めたころの様子を,家族にたずねてみましょう。みなさんは,当時のことを覚えていなくても,家族は,みなさんが入園したころの様子をよく覚えているかもしれません。

　0歳から3歳のころに保育園へ入った人であれば,入園したてのころ,あんちゃんと同じように保護者からなかなか離れられなかったという話を聞く人も多いのではないでしょうか。またいっぽうでは,すぐに保護者から離れて,遊び始めたという人もいるでしょう。母親などの愛着対象から離れる際の様子から,愛着の質の個人差について考えてみましょう。

　そして,4歳前後のころから入園した人は,自分自身の記憶として,入園したころの様子を覚えている人もいるのではないでしょうか。保育園や幼稚園で出会った保育者の姿を思い出しながら,自分がいかに子どもたちと信頼関係を築いていくことができるのかを考えてみましょう。

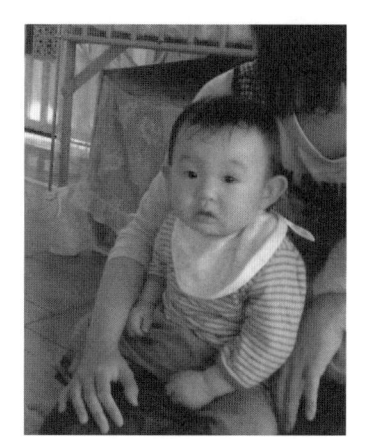

先生のお膝で泣きやむ0歳児

Work 3-2　子どもの社会性の発達

子どもどうしのかかわり—泣いている子を見たとき・嫌なことをされたとき

ワーク①—泣いている他児を見たとき，子どもはどうする？

エピソード（服部，2000 より引用）

　週末の休み明け，月曜日の朝。年少クラスのトモコ（3歳7ヶ月）がお母さんと別れるのが悲しくてずっと泣いている。園庭に遊びに行こうとしていた年中クラスのアユミ（4歳11ヶ月）とメグ（4歳4ヶ月）が，その様子を見て，「お母さんになってあげるから」とトモコの手をとる。しかし，動かない。

　そこへ，きつい言い方をよくするマミ（5歳0ヶ月）が，「トモちゃん，うるさいなー」と言いながらやってきた。筆者がわけを話すと，ワカッタという表情でトモコと手をつなぐ。

　そこを通りかかったショウタ（4歳9ヶ月），「トモちゃん，泣き虫やなあ」とあきれ顔で言う。すると，マミ「ちがうで。おかあさんがかえらはるのが，さみしいからやで」　この間にトモコは泣きやみ，マミ，アユミらに手をひかれて部屋に向かう。マミ「今日は，トモちゃんとあそんであげるねん」と筆者に宣言した後，「なあー」とアユミの方を見て首をかたむける。

　エピソードでは，お母さんとの別れを悲しんで泣いているトモコの気持ちを汲み，優しく声をかけてなぐさめているアユミやメグ，マミの姿があります。さて，このエピソードのように泣いている他児を見たときに，子どもはどんな反応や行動をするのでしょうか。さまざまな年齢の乳幼児の姿を想像し，予想される反応や行動を挙げてみましょう。そして，みなで話し合ってみましょう。

ワーク②—他児から嫌なことをされたとき，子どもはどうする？

エピソード（豊島区公立保育園・あそび研究会，2008 より引用）

　部屋で遊んでいたときのこと。突然廊下から部屋へ入ってきたユウキちゃん（4歳児）が，泣きべそをかきながら，「マイちゃんが引っかいた〜」と訴えてきました。ユウキちゃんは，クラスの中でも思ったことははっきり口に出すタイプ。引っかかれたという腕も，たいしたことなかったので，「痛かったら，マイちゃんにそう言えば？」と何気なく答えました。

　肩をいからせながら廊下へ行くユウキちゃん。そこには，にらみつけるように立っているマイちゃん（4歳児）。まずはユウキちゃん「引っかかないでよ！痛かった！」とここぞとばかりにビシッと言うと，対してマイちゃん「だって，ユウキちゃんが廊下を走ってたから，"走らないで"って（腕を）つかもうとしただけだもん。」と，頑として言い返します。

　エピソードでは，はじめ引っかかれたことを保育者に言いに来た4歳児のユウキちゃんですが，保育者からの促しに応えて，ユウキちゃんは強い口調でマイちゃんに抗議しています。このエピソードのように，嫌な働きかけを他児からされたときに，された側の子どもはどんな反応や行動をとるのでしょうか。さまざまな年齢の乳幼児の姿を想像し，予想される反応や行動を挙げてみましょう。そしてみなで話し合ってみましょう。

ワークを通して—社会性の発達

　保育園や幼稚園において，子どもは周りの子どもたちの存在に気付き，遊びや生活の中で友達と過ごす楽しさを知っていきます。年齢や関係の深まりにより，子どもどうしの関わり方もさまざまな変化が見られるようになります。

　いっぽうで，ワークにあった2つのエピソードのように，泣いている友達を目にすることも，友達と思いがぶつかることも，保育の場では

毎日のように起こることです。そして，子どもは身近な人と関わる中で，状況に応じてどのようにふるまうことが求められているのかを考え，自分の行動を変えていくようになります。このように，人が社会の一員として生活していく上で必要とされる行動・態度・対人関係などを身に付けていく過程のことを，社会性の発達と呼びます。社会性の発達には，その場の状況や相手のふるまいをどのように理解するかという社会的認知と，相手に対してどうふるまうかという実際の行動が含まれています。まずは，さまざまな状況における子どもの実際の行動について考えていきましょう。

泣いている子どもを見たとき，子どもはどうする？

ワーク①では，泣いている子どもをなぐさめる4歳児の姿を紹介しました。他者の泣きを見たときに，子どもはどのような反応や行動をするのでしょうか。表3-3にこれまでの研究や報告の中で観察された，他者の苦痛や泣きに対する子どもの反応や行動を紹介します（表3-3）。

表3-3を見て，年齢によって他者の苦痛や泣きに対する反応がいかに変化するのかを考えてみてください。まず，0歳児は，その子どもと同じような気持ちを感じているということがわかります。この様子は，ワ

表3-3 乳幼児期における他児の泣きや苦痛に対する子どもの反応

子どもの年齢	他児の泣きや苦痛に対する子どもの反応
～18か月	サリー（11か月児）は，痛がっている赤ちゃんを見た時，悲しそうな顔をし，唇をすぼめ，突然泣き出しました。サリーは激しく泣き続けました。そして，母親に抱っこされようと母親のところまではいはいして行ったのです。[1]
	レン（15か月児）はみごとに丸いお腹をした太った男の子です。レンは両親と一緒にいつも自分が大笑いする遊びをします。それは，自分のTシャツをまくりあげ，大きなお腹を見せながら面白い歩き方をして両親に近づくというものです。ある日，レンのお兄さんが庭のジャングルジムから落ちて激しく泣いていました。レンは神妙な顔をしてそれを見ていました。すると，レンはTシャツをまくりあげてお腹を見せ，お兄さんのほうを見つめながら，近づいて行ったのです。[2]
18か月（1歳半）～	隣にいる赤ちゃんが泣き出しました。ジェニー（18か月児）は驚いた表情をし，体をこわばらせました。ジェニーはその赤ちゃんに近づき，クッキーをあげようとしました。ジェニーは赤ちゃんのそばに付き添い，自分も泣き出しました。そして，赤ちゃんの髪をなでようとしましたが，赤ちゃんはジェニーから離れて行きました。すると，ジェニーは自分の母親に近づき，母親を赤ちゃんの場所まで連れていき，母親の手を赤ちゃんの頭に乗せようとしました。赤ちゃんは少し泣き止んだのですが，ジェニーはまだ心配そうにしていました。ジェニーは赤ちゃんにおもちゃを渡し，髪や肩をなで続けました。[3]
	遊びにきていた友達（女の子）が，家に両親のいないことを不満に思って，今にも涙があふれ泣き出しそうになったとき，男の子（20か月児）は即座に悲しい表情をし，自分の愛用しているくまのぬいぐるみを，その女の子が家に持って帰れるようにと手渡しました。[4]
4歳～	鬼ごっこで鬼になったものの，誰もつかまえることができず，とうとう泣き出してしまったBくん（4歳児）。一緒に遊んでいた友達がBくんにかけより，「わたしもまえ，そういうことあった。Bくんのきもちわかるよ」と声をかけてくれます。それを聞いた他の友達もかけよってきて，「ぼくもわかるよ」「わたしもわかるなあ」と，口々に言います。Bくんの今の姿を過去の自分の経験に重ねて，なんだかみなでしんみりとした空気になりました。泣いていたBくんは，そう言ってくれる友達のことばがうれしくてつい笑顔がこぼれ，それを見て周りの友達も笑顔になったのでした。[5]

1)～4) Eisenberg, 1992 二宮・首藤・宗方訳, 1995 より引用。
5) 学生の報告より筆者作成。

ーク 3-1 で述べた情緒の伝染が生じている姿といえます。他児の泣きが伝染し，子ども自身も同じように不安や苦痛を感じてしまうのです。

　そして，1歳半を過ぎたころから，頻度としては多くありませんが，子どもはなぐさめるような行動を見せ始めます。0歳児の情緒の伝染のように相手の気持ちに引きずられるのではなく，自分の気持ちと相手の気持ちを区別して働きかけようとする子どもの姿があります。ただし，相手がなぜ泣いているのかという理由を考える力はまだ十分ではないため，働きかけ方は，普段自分がされてうれしいと思っている行動や，相手を笑わせることができると思っている行動が中心です。保育の場では，自分の好きなおもちゃや絵本を持ってきたり，保育者を呼んで来たり，他児にそっと触れたりするような行動が見られます。

　さらに年齢が上がると，子どもは，他児が泣いている理由を考え，相手の考えていることや気持ちを理解し，ことばで共感を示しながらなぐさめるようになります。神田（2004）は，4歳ごろから自分のさまざまな経験を自覚し，今の友達の姿と照らし合わせて友達の気持ちを意識し，やさしくしたり，受け入れたりすることができるようになると説明しています。このように自分の経験を振り返り，他者の気持ちや考えを理解しようとする力が4歳ごろのなぐさめる行動をより洗練させたものにしていくことになります。

向社会的行動の発達

　上で挙げたなぐさめる行動以外にも，乳児期のころから，徐々に相手を思いやるさまざまな行動が見られるようになります。相手をなぐさめる行動や，手伝う行動など，思いやりに基づく他者に向けられた行動を，向社会的行動（prosocial behavior）と呼びます。乳幼児期の向社会的行動としては，援助行動，配分行動，教える行動，なぐさめやはげまし，ゆずる行動などがあります。

　最近の研究の多くは，以前考えられていたよりも早くから，子どもが向社会的行動を行うということを示してきました。たとえば，1歳半の子どもでも，大人が失敗している場面を見ると，直接助けを求められているわけではないのに，自分から援助行動（大人の落とした洗濯ばさみを拾ってあげる，開けられない戸棚の扉を開けてあげるなど）を行うことが報告されています（Warneken & Tomasello, 2009）。実際にこのような援助行動は2歳児クラスのころから多く見られ始めるようです。自分がまだ着替えていないにもかかわらず，友達の着替えを手伝おうとしたり，自分も食べ終わってもいないのに，他児のお世話を焼こうとしたりするような姿が見られるときもあります。このような場合には，「自分のこともできていないのに」ということばかりに注目するのではなく，子どもの「やってあげたい」気持ちを尊重していくかかわりもときに必

要になるでしょう。

他児から嫌なことをされたとき，子どもはどうする？

　ワーク②のエピソードのように，人と人との欲求や要求のぶつかり合い，意見の食い違いなどの社会的な衝突をいざこざと呼びます。いざこざの中で，子どもは自分の意見を相手に主張することや，ときに自分の怒りを抑えることを学んでいきます。また，相手の気持ちや意図を理解しようとすることや，社会のルールなどを理解することも必要になってきます。いざこざやけんかは，子どもが社会性を身につける上で，きわめて重要な経験といえます。

　ワーク②では，他児からの嫌な働きかけに対して，「ことばで言い返す」という行動をとる子どもの姿を紹介しました。このような他児からの嫌な働きかけに対して，乳幼児期の子どもたちは他にどのような行動をとるのでしょうか。他児からの嫌な働きかけに対して，幼児期の子どもがどのように行動するのか，丸山（1999）の研究を見てみましょう。

　丸山（1999）は，「砂場で山とトンネルを作っていたら，友だちから「へんなトンネルだな」と言われ，山を壊された」というストーリーを，4歳から6歳の子どもに聞かせ，「自分だったらこんなときどうするか？」をたずねました。その結果，4歳以前の子どもたちは，泣いて大人に助けを求めたり，相手をたたいたりすることが多く，いざこざを子どもどうしで解決することは難しい場合が多いことが示されました。一方，6歳ごろの子どもたちはことばで言い返す子どもが増え，子ども同士で意見を主張し合うことで解決していこうとすることが示されました。

乳幼児の道徳性の発達

　ここまで見てきたような子どもの社会的な行動は，子どもがその状況や相手の考えをいかに理解しているのかという社会的な認知によって変わっていきます。以下では，子どもが他者の行動の良し悪しをいかに理解しているのかという道徳性の理解に関する発達研究を挙げ，説明していきたいと思います。

　子どもの道徳性の発達をはじめに検討したのは，ピアジェ（Piaget, 1932）でした。ピアジェ（Piaget, 1932）は，子どもが他者の行動の善悪をどのように捉えているのかを検討し，8歳以前の子どもは，結果の大きさで行動の善悪を判断するため，いたずらをしていて1枚のお皿を割った子どもより，お手伝いのために10枚のお皿を割った子どもの方が悪いと判断していることを示しました。そして，8歳以降になると，悪いことをしようとする意図があったかどうかが判断の基準となることを明らかにしました。

　しかし，近年，ピアジェ（1932）が想定していたよりももっと早くか

ら，道徳的な判断が可能であるということが明らかになってきています（Heiphetz & Young, 2014）。たとえば，先ほどのワーク②の解説で挙げた丸山（1999）の研究では，「砂場で友だちが石につまずいて，山を壊した」といったように，他児からの嫌な働きかけがわざとではない場合についても検討されました。その結果，4歳児でも，他児からの嫌な働きかけがわざとではないときには，攻撃的な行動に出ずに，ことばで主張することで解決しようとすることがわかりました。また，6歳児ともなると，わざとではないときには何もせずに許すという行動が増えました。つまり，4歳児であっても，結果のみを捉えて相手の行動の良し悪しを判断しているわけではなく，相手がいじわるをしようとしているかという意図の有無を判断の手がかりとしていることが明らかになりました。また，近年の発達研究からは，2歳児でも，大人の行動の善悪に敏感であることが明らかになっています（Dahl, Schuck, & Campos, 2013）。ダールたち（2013）は，ボールを転がしたときに，転がし返してくれる協力的な大人と，ボールをとってしまう非協力的な大人を2歳児に見せました。その後，それぞれの大人から助けを求められたときに，2歳児は，協力的な大人をより多く助け，非協力的な大人のことは助けませんでした。2歳児であっても，単純な状況であれば，他者の行動を見てその良し悪しを判断し，自身が援助行動を行う際の基準として利用できるのです。

子どもの社会性の発達を支える大人の役割

　ここまで，乳幼児期の子どもの向社会的行動やいざこざの際の行動と，これらの行動の背景にある子どもの社会的な認知の発達についてお話ししてきました。それでは，保育者はどのように子どもの社会性の発達を支えていくことができるのでしょうか。ここでは，大まかに3歳児未満の時期と3歳児以降の時期に分け，述べていくことにします。

①3歳児未満の時期

　ワーク①で解説したように，最近の研究は，1歳半ごろの子どもであっても，他児や大人に対してさまざまな向社会的行動をとることがわかっています。特に2歳児クラスのころからは，「自分がやりたい」という気持ちだけでなく，相手に「やってあげたい」という気持ちを高めていく姿が見られます。保育者は，子どもから自発的に生じた「やってあげたい」気持ちの高まりを捉え，他児へとつなげていくことや，してもらった側の子どもにも「○○してもらってうれしいね」といった声をかけ，子どもどうしが喜びや心地良さを共有していく状況をつくり上げていくことが大切であるといえます。

　いっぽうで，自我の発達がめざましく，自分の思いや行動を尊重されたい1，2歳児においては，おもちゃや場所などをとり合う中で，お互いの思いがぶつかる姿も多く見られます。特に，ことばで伝えることが十

分でないこの時期には，押す，かみつく，引っかくなどの行動が起きたり，他児と関わりたいけれども関わり方がわからずに，髪の毛をつかんで泣かせる，強く引っぱって嫌がられるということも起こります。このようないざこざにおいては，子どもがお互いの気持ちに気付くことができるよう，保育者が仲立ちに入り，それぞれの気持ちをことばにしてあげることが必要になります（長瀬, 2014）。

　加えて，2歳のころは，大人の行動を見て，その良し悪しの基本を理解していく時期であることもわかっています（Dahl et al., 2013）。したがって，大人がモデルとなり，望ましい関わり方を示していくことも大切です。「ちょうだいってしようか」「かしてって言ってみようか」「いい子ってしたかったんだよね」など，保育者から子どもへ望ましい関わり方を繰り返し伝えていくことで，子どもは相手に関わることの楽しさやうれしさを知ることができるようになります。

② 3歳児以降の時期

　年齢が上がっていくことに伴い，子どもは，自分の経験と照らし合わせて他児の気持ちを共感的に理解するようになっていきます（神田, 2004）。したがって，子どもが他者と関わり合う中で，これまでにどのような感情体験をしてきたかが，向社会的行動の発達の鍵になります。他者から受けた援助やなぐさめ，はげましが，単に行動としてだけのものでなく，喜びやうれしさ，ありがたさといった感情とともに経験されることが大切です。特に，子どもどうしのかかわりが増える3歳児以降のクラスにおいては，日々の生活や遊び，行事を通して，「友達と一緒だから楽しい」「友達と協力したからこそつくり上げることができた」「○○組のみなでやったからこそできた」と感じられる経験を保障していくことが必要です。そうした経験の中で，仲間の大切さを知り，お互いを思いやる関係がつくり上げられていくのです。

　いざこざにおいては，子どもどうしで徐々にお互いの気持ちをことばで伝え合う姿が見られるようになります。このころになれば，保育者として子どもの仲立ちをするだけでなく，子どもたちを見守ることや，問題をクラスの集団に返し，みなで話し合っていくことも必要になるでしょう。生活や遊びの中で，子どもは自分や相手の行動の良し悪しについて理解を深めていきますが，力の強い子どもの言いなりになったり，ことばでの主張が強い子どもに流されたりと，一方的な関係が仲間関係の中につくり出されやすい時期でもあります。いざこざの場が，お互いに主張し合う場，相手の言葉に耳を傾ける場になっているかどうかを確認しながら，誰もが自分の気持ちや考えを言い合える関係を援助していくことが求められます。そのためには，日頃から，一人一人がみなの前で気持ちを表現する機会や話し合いの活動を設け，自分の気持ちや考えを言い，受け止められる経験を積み重ねていくことが大切です。

応用ワーク

　いざこざやけんかが子どもの社会性の発達にとってなぜ重要であるのかを改めて考えてみましょう。子どもは，いざこざの中で感じた怒りや悲しみから気持ちを立て直せず，どんよりと一日を過ごすこともあるでしょう。また，予定していた活動を中断することになったり，大きな怪我につながるのではないかとハラハラしたりと保育者の心配事はつきません。しかし，いざこざの中で，子どもたちは自分の考えや気持ちを伝えることの大切さや，相手にも自分と同じように考えや気持ちがあることを知っていきます。いざこざがなぜ子どもたちにとって重要であるのかを理解した上で，保育者としてどのように関わることができるのかを考えてみると，「いざこざは困ったこと」と考えているときよりも豊かな関わり方を考えることができるのではないでしょうか。

年長さんのダイナミックな運動会

コラム3
0歳児を保育園に入れること

　初めての我が子を生後10か月で保育園に入園させる予定だ，と伝えた私に二児の母親である友人が言いました。「えー！！　もったいない！　1歳前に保育園に入れるなんて！　一番かわいくて成長著しいときなのに！」

　私は妊娠，出産した時点で可能な限り仕事を続けることは決めていましたし，続けるならば，育児休暇はだいたい1年を目処に考えていました。したがって，1歳前にならずに保育園に入れることに何の違和感も持っていませんでした。古くから，3歳になるまでは母親のもとで育てられないと，子どもの成長に悪影響があるというイメージがありますが（それを3歳児神話というらしい），それには合理的な根拠がないそうです。母親の就労と子どもの発達について長期縦断調査した菅原（2003）によると，子どもの問題行動や抑うつには3歳未満時において就労している母親（就労群）とそうでない母親（非就労群）との間に差はなく，むしろ1歳半と5歳の時点では，早期就労復帰した母親の子どもの方が，問題行動が若干低いという結果が得られています。

　しかし，実際に，保育所を利用している児童の中でも，0歳児の割合は8.4%（厚生労働省，2009）と多くなく，私が思っていた以上に0歳で入園させることは一般的ではないのかもしれません。友人の言葉は，0歳児を保育園に入れて問題ないだろうか，と考えるきっかけを与えてくれました。

　そしてこの原稿を書いている今，保育園入園まで3か月を切り，子どもが母親である私と毎日べったりの生活も残り短い期間になりました。愛着が芽生えたのか，だんだん後追いが出てくるようになった子ども。それと同時に，仕事のことばかり考えていた私にもやっと母親らしさが出てきたような気がします。生後間もなくは目もきちんと見えていなかった赤ちゃんが，親のあやす顔で声を出して笑うように，先週できなかったつかまり立ちが今はできるようになっています。この8か月の間にどれだけたくさんの成長を遂げたでしょうか。ある日突然，その成長が全て見られなくなるのは，確かにもったいない。1歳のあたりが「一番」かわいくて成長著しいかはわかりませんが，かわいくて成長著しいのはその通りだと思う。「悪影響」なのではなく，「もったいない」と言った友人の言葉が今ではリアリティを持っています。

　それでも，仕事は続けていく，約1年で復帰をするという考えは変わっていません。そして復帰したら，「起きて！」「早く着替えなさい！」「ご飯食べて！」と子どもを急かし，バタバタする毎朝が目に浮かびます。きっと日々は仕事と育児の両立で精いっぱいになるのでしょう。しかし，自分の仕事に真剣に打ち込むことで，子どもとも前向きに向き合える。大事なのは子どもとずっと一緒にいることではなく，接する時間を大切にすることなのだと信じて，入園予定の春を迎えたいと思います。

Work 4
子どもの遊びと学び

　赤ちゃんと学生の対比を感じていただけましたか？ただただ「赤ちゃん，かわいい！」と思っている学生は，赤ちゃんの動きを特に意味のあるものと感じてはいないと思われます。しかし，実は，何でもないと思われる行動が，赤ちゃんにとっては新奇の経験であったり，楽しい遊びであったりします。そして，その遊びという体験を通して，赤ちゃんの心や体はさらに発達し，多くのことを学んでいくのです。

　たとえば，赤ちゃんは起きているときは，さかんに手足を動かしています。4か月くらいになると，手と手を触れ合わせる動作が見られるようになります。手を触れ合わせるなんて，大人にとっては何てことない動作ですが，赤ちゃんにとってはそうではありません。手と手が触れ合ったとき，赤ちゃんは「お！　やったー！」という気持ちかもしれません。手を触れ合わせるということの新たな感触がおもしろくて，何度も同じ行動を繰り返します。そうして，手を触れ合わせるための腕や手の動かし方を学んでいきます。さらに，手を触れ合わせる行動は，赤ちゃんにとって新しくておもしろい体験であり，自発的に行う遊びともいえます。遊びであるからこそ，おもしろいからこそ，何度も繰り返し行う，繰り返し行うからどんどん上達し，さらに複雑な動きを獲得するための練習にもなっていきます。そうです，遊びと学びは密接につながっているのです。乳幼児期の子どもたちは，遊びを通して学ぶといわれますが，こういうことなのです。

　これを知った上で，赤ちゃんや子どもたちの行動を見てください。きっと，たくさんの遊び，学びを発見することができると思います。では，ワークへと進めていきましょう。

Work 4-1　子どもの遊び「遊びってどんなもの？」

(1)-1　0歳から2歳の乳児の遊びにはどのようなものがあるでしょうか。0歳，1歳，2歳の三つの時期に分けて考えてみましょう。日頃赤ちゃんに接する機会はありますか？　ある人は，そのときの赤ちゃんの様子を思い出して，あまり経験のない人は，以下の表を参考に考えてみてください。

表 4-1　乳児の発達と遊びのヒント

年齢	発達の様子	遊びのヒント
0歳	ねんねの状態から，はいはいやつかまり立ちへ。ものを持つ，にぎる。喃語を活発に話す。	見て，聞いて，触っての五感を通した遊び，ものを出したり入れたり，にぎって振り回す，追いかける。
1歳	一人で歩く。手と膝をついてよじ登る。つまむ，めくる，物をつかんで動かす。一語文を話す。	歩き回る遊び，積み木を積む，点描き・なぐり描き。
2歳	走る，ジャンプする，支えがあっての片足立ち。指先，手のひら，手首の動きを組み合わせた動作。二語文を話す，質問が増える。	ひも通し，型はめ，おままごと，見立て遊び，ボール遊び，粘土遊び。

(1)-2　上記で考えた遊びは，乳児にとって何らかの発達や学びにつながっているでしょうか。つながっているとしたら，どのような発達や学びにつながっているか考えてみましょう。

(2)-1　子どものころに好きだった遊び，よくしていた遊びを思い出してみましょう。幼稚園や保育園の頃，小学校低学年，小学校高学年の三つの時期に分けてリストアップしましょう。

(2)-2　上記で挙げた遊びを，ひとり遊び・平行遊び・連合遊び・協同遊びのいずれかに分類しましょう。そして，その理由を説明してみましょう。

※遊びの分類について未学習であるなら，先に解説を読んでからワークに取り組んでみましょう。

乳児の遊びと学び

　乳児の時期の遊びをどのくらい考えられましたか？　4コマ漫画でお話ししたように，大人にとって思わぬ行動が乳児の遊びとなり，さまざまな発達につながっています。

　ねんねの時期の赤ちゃんの視界を想像してみましょう。首が回せる範囲で見えるものが赤ちゃんの視界になります。それが，寝返りをうてるようになったら，お座りができるようになったら，赤ちゃんの視界はどうなりますか？　格段に視界は広がります。赤ちゃんの好奇心を刺激し，もっともっと世界を見たいという気持ちが，何とか移動しようとはいはいにつながったり，机の上を見ようとつかまり立ちをしたり，もっと早く遠くへ行けるようにと立って歩くようになるのです。これらの行動は，赤ちゃんの好奇心から行われる行動，自発的に行われる行動，つまり赤ちゃんにとっての遊びといえます。歩くまでの過程で，赤ちゃんが寝返りを繰り返し，部屋の端から端まで移動する，つかまり立ちをしては尻

もちをつくのを繰り返す，などの行動も，赤ちゃんにとってはおもしろい遊びでしょう。

　また，移動に関わる運動は，からだの発達だけではなく，認知的な発達にも関係します。移動能力を獲得すると，行動範囲の拡大に伴いさまざまなものを見たり触ったりする機会が増えます。近づいて見たり，裏から見たりと，物をいろいろな角度から見る，いろいろな素材を触り感触を知る，触ることで簡単に動くのかびくともしないのかを経験する，などです。このような経験を通して，物についての認識，物と自分の関係などを学んでいきます。0歳の赤ちゃんの場合は，触って知るというよりは，口に入れて知ることが多いかもしれませんね。

　2歳になってくると，見立て遊びやごっこ遊びがさかんになります。スプーンをマイクに見立てて歌を歌ったり，ぬいぐるみを使って保育園ごっこをしたりします。このような遊びができるようになる背景には，認知機能の発達，特に，物の永続性の理解（表象機能）と象徴機能の発達があります。物の永続性の理解とは，物が布などで覆い隠されて視界から見えなくなったとしても，物はそこにあり続ける，このことがわかるということです。つまり，見えなくてもそのものを頭の中にイメージできる，これが表象機能であり，象徴機能の基礎となります。そして，象徴機能とは，あるもの（スプーン）を別のもの（マイク）とみなして認識することですが，頭の中にマイクをイメージできることで，現実のものがスプーンであっても，それをマイクとみなして遊ぶことができるのです。この場合，スプーンがマイクの象徴として用いられています。そして，保育園ごっこにはさらに複雑な要素があります。保育園がどういうところか，先生はどのような役割か，親はどのように先生と話をしているか，職業イメージや社会的役割などさまざまなことの理解が必要です。そして，子どもたちは見立て遊びやごっこ遊びをすることで，さらに理解を深めたり，より複雑な認知機能を発達させたりしていきます。

　どの発達に対してもいえることですが，周囲の大人とのかかわりがとても大切な要素になってきます。寝返りを成功させて新たな景色が見えた，保育園ごっこをして楽しい，そのときに，それを一緒になって共有してくれる信頼のおける大人の存在が欠かせません。元来，赤ちゃんや子どもは好奇心が旺盛なのですが，その好奇心がうまく発揮され，発達や学びにつながるためには，それが受容され，共感されることが必要なのです。保育者は，その信頼のおける大人になっていかなくてはなりません。

遊びの分類と学び

　子どものころの遊びはたくさん思い出せましたか？　どの時期にどの遊びが多かったでしょうか？　遊びの分類の基準は何でしょうか？

表 4-2　パーテン（1932）の遊びの分類 (福田, 2003; 高橋, 2007 より作成)

遊びの分類名	説明
1. 何もしていない行動	遊んでおらず，その時々に何かを眺めたり，ぶらぶらしたりする。
2. ひとり遊び	他の子どもの遊びに関心はなく，ひとりで自分の遊びをしている。
3. 傍観者的行動	他の子どもが遊んでいるのを参加しないで見ている。
4. 平行（並行）遊び	他の子どものそばにいて同じような遊びをしているが，ひとりで遊んでいる。おもちゃを一緒に使う，ときどき会話をする程度のかかわりがある。
5. 連合遊び	同じ遊びに参加し，活動のイメージの共有，会話やおもちゃの貸し借りなどがあるが，共通の目標に向かっての役割分担や集団としてのまとまりはみられない。
6. 協同遊び	共通の目標をもって，集団で遊ぶ。ルールを共有し，協力や役割分担がみられる。

　表4-2の遊びの分類は，パーテン（Parten, 1932）によって提唱されました。分類の基準は，子どもがどのように他の子どもたちと関わっているかです。

　2, 3歳は，ひとり遊び，傍観者的行動，平行遊びが多く，他の子どもたちがどんな遊びをしているのか興味を持つ段階といえます。4, 5歳になると連合遊びや協同遊びが見られるようになり，他の子どもたちとの間にイメージやルールの共有，協力，役割分担など，より複雑な関わり方をするようになってきます。1から6へと遊びが発達していくのですが，年齢が大きくなっても，ひとり遊びや平行遊びは見られます。

　他の子どもと関わることは，発達や学びの契機としてとても大切です。遊びの中で，友達にルールを説明する，遊びを楽しく変えるために工夫をする，いざこざやトラブルを調整する，自己主張する，自己抑制（我慢）する，などを経験します。また，何とか目標を達成するためみんなで頑張った経験，それがうまくいったときの喜び，うまくいかなかったときのくやしさもあるでしょう。友達への羨望・嫉妬，または優越感などもあるでしょう。子どもたちは，遊びの中で，認知的能力や言葉を発達させ，また同時に，自己を認識し，人との関わり方を学び，社会性も発達させていきます。

　冒頭の4コマ漫画でお話ししたように，遊びと学びは密接につながっています。特に乳幼児期の子どもたちにとっては，遊びを通した学びがすべてだといっても良いくらいです。では，遊びというのはどのような特徴を持つ活動なのでしょうか。遊びを通して学ぶといっても，最初からうまくできるわけではなく，何度も試行錯誤し，挑戦する中でできるようになっていくことも多いのです。そのためには，子どもにとっておもしろい活動，やってみたいと思える活動，達成したいと思える活動であることが必要です。やらされてやる活動ではなく，子どもたち自らが自発的に行う活動です。これが，遊びという活動の特徴です。子どもの動機づけという観点からいえば，内発的動機づけに基づく活動ともいえるでしょう（内発的動機づけに関しては次項で説明します）。そして，遊

びが学びへとつながるためには，じっくり遊べる場所と時間の確保も必要です。これらの環境や条件を整えることも，遊びと学びを援助するということになるでしょう。

（このワークは，グループワークに発展させて，お互いの挙げた遊びを見せ合い，年齢による変化や，分類の基準を比較するのもおもしろいでしょう。）

●─● 応用ワーク ●●●●●●●●●●●●●●●●●●●●●●●●●●

　基本的な保育や発達に関する（1)-1，（1)-2 で考えてもらった乳児の「遊び」と「発達や学び」をもとに応用ワークを行ってみましょう。テキストを読んで，追記入していくというワークです。まずは，0歳台の発達や学びについて，テキストを読みましょう。たとえば，保育所保育指針，保育所保育指針解説，発達心理学のテキスト（乳幼児期が年齢別に解説されているものが望ましい）などが良いと思います。指針や指針解説であれば，「第2章　子どもの発達」の該当年齢の箇所を読んでください。また，可能なら，重要なところに下線を引くなどしながら読んでみましょう。

　次に，最初のワークで自分が書いたものと，テキストに書かれているものを比べてみましょう。「遊び」と「発達や学び」の双方において，自分が記入していないことがたくさんテキストには書かれているのではないでしょうか。それを見つけ赤ペンなどで追記入していきましょう。この作業を1歳台，2歳台と繰り返していきましょう。乳児の発達，遊びと学びについて，さらに理解が深まると思います。

　また，同様のワークを3〜6歳で実施する，「発達や学び」に対して保育者が配慮すべきこと，留意すべきことを書き足すワークも良いでしょう。

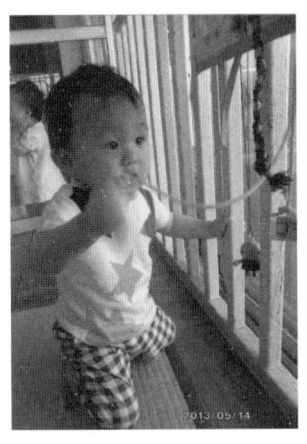

乳児の遊び：これをひっぱったらどうなるの？？

乳児の遊び：お砂をコップに入れたら，おもしろい音〜

幼児の遊び：やっぱりお外が一番！

Work 4-2　子どもの学び「学びへの援助を考えよう！」

> 　子どもが学ぶ事柄はさまざまに考えられますが，ここでは子どもが社会性を獲得するために学ばなければいけない行動や習慣を思い浮かべて，以下のワークに取り組んでください。
>
> 　(1)-1　学ばなければいけないが，子どもたちにとっては不快なことや嫌なことになりやすい事柄にはどのようなものがあると思いますか？
>
> 　(2)-2　子どもたちがそれらの事柄を学ぶためには，どのような援助が可能だと思いますか？

援助方針の基盤となる心理学的な考え方

　さて，どのような事柄が挙げられたでしょうか。たとえば，トイレットトレーニング，お片付けをすること，順番を守ることなど，自由を制限される，失敗を繰り返しながら努力をしなければ身につかない，そのような事柄が挙げられたのではないでしょうか。個人によって捉え方は違いますので，さまざまな事柄が出てきて良いと思います。また，(2)-2のワークですが，それらに対しどのような援助ができるのか，これも具体的な援助方法はさまざまです。子どもの性格や興味関心，その場の状況などによっても違うでしょう。ここでは，援助方針の基盤となる心理学的な考え方について解説していきましょう。

　具体例として，トイレットトレーニングを取り上げます。2歳から3歳にかけて始められることが多いと思いますが，始めるタイミングとして重視されるのは年齢や月齢ではありません。トレーニングを始めるのに十分な身体の成熟があるか（成熟の観点），子ども自身がトイレやおまるで排尿することに関心を持っているか（動機づけ・意欲の観点），これらの見極めが大切です。具体的に述べると，成熟の観点とは，排尿の間隔がある程度空いていることであったり，おむつの中で排尿したときに「おしっこ出たよ」の報告ができるかであったりです。動機づけ・意欲の観点とは，トイレやおまるを使うことに憧れや尊敬の言動が見られるかなどです。これら見極めの観点は，学習の準備性（レディネス）の問題といえます。学習の準備性とは，何かを学習するとき，その学習に必要な心身の準備状態を指す用語です。準備が整っていないのに，無理にさせようとしても学習はうまく進みません。まずは，その準備を整えることを念頭にアプローチをすることが必要です。排尿時に声をかけ，排尿の感覚に気づかせるようにする，トイレに関心をもたせる工夫をするなどです。

　また，後者の動機づけ・意欲の観点は，準備性という問題だけでなく，

トレーニング開始後も留意すべき大切な観点です。動機づけは，その活動が生起した理由によって，内発的動機づけと外発的動機づけに分けられます。内発的動機づけとは，自らの興味関心に基づいてその活動が行われる場合を指し，外発的動機づけとは外部からの賞罰のためにその活動が行われる場合を指します。前項で，遊びの自発性の大切さを述べましたが，ここでのトレーニングにも同様のことがいえます。子どもたちが意欲を持って，自発的に活動しなければ学びや成長は伴いません。つまり，内発的動機づけによってその活動が行われることがとても大切なのです。

　準備性が整ったとしても，おもらしをしたり，うまくできなかったりすることは何回もあるでしょう。そのときに，子どもたちの内発的動機づけが失われないように，またさらに内発的動機づけが高まるような働きかけをすることが，子どもたちへの援助になります。内発的動機づけの基盤は，その活動に対する子どもたち自身の好奇心，自分はできるという有能感，達成への憧れなどです。これらの気持ちが高まるような，ことばかけや環境への工夫が大切だといえるでしょう。

　また，失敗したとき，その原因をどこへ持っていくかで，内発的動機づけが左右されます。成功や失敗の原因を何かに求めることを原因帰属といいます。ワイナー（Weiner, 1979）は，成功や失敗の原因には三つの次元（特徴）があるとしています。原因が学習者本人にあるか外にあるか（内的・外的），安定した原因かどうか（安定・不安定），コントロール可能な原因かどうか（統制可能・統制不可能）です。それぞれに当てはまる具体例が考えられていますが，動機づけに関係する原因としては能力と努力が挙げられます。能力は天性のもので統制不可能と考えられますが，努力は自分の側の原因で統制可能です。失敗を能力に帰属すると意欲が失われ，努力に帰属をすると意欲が失われないといわれています。能力不足はどうしようもないですが，努力不足なら改善の余地があるからです。子どもたちへのアプローチでも同様のことがいえるでしょう。そもそも能力がないという関わり方をされれば，子どもたちは意欲を失い，ここを頑張ればできるよといわれれば，期待を持てて意欲も出てくると考えられます。

　トレーニング方法にも言及しておきましょう。プログラム学習という考え方があります。これは，何かを学ぶ際に，達成までのプロセスを検討し，一歩一歩，段階的に学んでいくという考え方です。段階を一つずつクリアしていくことで，最終的な達成レベルを目指します。プログラム学習の基本原理にはスモールステップの原則があります。トイレットトレーニングに限らずですが，達成までにどのようなプロセスがあるのかを考えることは問題の把握にとって重要ですし，どこまで細かくスモールステップを考えれば良いのかは子どもによっても異なるでしょう。

また，子どもが何かにチャレンジしたとき，その成否や出来具合について，すぐにフィードバックを与えることが大切だとされています。即時のフィードバックといい，これも基本原理の一つです。
　最後に，学習の型についても触れておきましょう。何かを学習するときには，学習の型（パターン）があるとされ，原始的なものから，高次の認知活動が要求されるものまで，いくつかあります。前者としては，生まれつき備わっている反射を基にした学習（古典的条件づけ）があり，後者としては，問題の構造などを吟味し解決の見通しを立てて取り組む学習（洞察学習）があります。ここでは，子どもの学びで観察されやすい二つの学習の型について解説をします。
　一つは，オペラント条件づけです。道具的条件づけとも呼ばれます。学習者が何らかの活動をしたとき，それに対し賞罰が与えられる（強化される）ことで，新たな行動様式を学習するというものです。賞や罰にはさまざまなものが考えられますが，保育の現場でよく見られるのは，ほめる・しかるではないでしょうか。ほめられて身につくこともあれば，しかられることで危険性を知ることもあります。
　二つ目は，観察学習です。文字どおり，観察によって学習するということですが，ポイントは強化にあります。オペラント条件づけでは，学習者本人に強化が与えられましたが，観察学習は代理強化といって，強化を受けるのは観察対象者です。学習者はそれを見ているだけですが，あたかも自分が強化を受けたかのようにその行動を学習します。兄弟の例がわかりやすいと思います。たとえば，兄が何かをしてかなり厳しく親から怒られたとします。それを見ていた弟は，兄と同じ行動はしません。兄が罰を与えられたのを観察するだけで，弟はそれをしてはいけないと学習します。また，このメカニズムは，保育の現場でも良く利用されています。良い行い，悪い行いに対する声かけをするとき，他の子どもたちにも聞こえるように声かけをすることがあります。すると，他の子どもたちも我先にと，良い行いを繰り返したり，悪い行いを悪いことと学んだりするのです。
　以上の考え方をふまえて，もう一度(2)－2のワークを振り返ってみてください。子どものより良い発達や成長のために，保育者ができる援助とはどのようなものか，常に学び，検討し続けていってほしいと思います。

応用ワーク

　子どもたちの生活や遊びの中では，さまざまな学びが起こっています。そこで，最後に説明した，二つの学習の型（オペラント条件づけ，観察学習）に当てはまる具体例を考えてみましょう。まず，学ぶ対象となる行動を考え，どちらの学習の型なのかがわかるように学習のプロセスを記入していきましょう。みなさんの想像のエピソードでかまいません。学ぶ対象となる行動は無数にありますので，いろいろな行動について考えてみてください。

表 4-3　応用ワークの具体例

学んだ行動	学習の型	学びのプロセスとその結果
歯をしっかり磨く	オペラント条件づけ	歯ブラシの感触がおもしろくて，何度も歯を磨いていたら，先生にほめられた。以後，歯を磨くときは長い時間をかけて何度もブラッシングをするようになった。
保育室のごみを拾う	観察学習	同じクラスのAちゃんが保育室のすみに落ちていた画用紙の切れ端を拾ってゴミ箱に入れたところ，先生がAちゃんを「えらいね〜」とほめていた。以後，保育室の中にごみが落ちているのを見つけると，必ず誰かが拾ってゴミ箱に入れるようになった。

流木遊具で遊ぶ（コラム4から）

コラム4
「育ち合う」──子ども同士だから育つもの

　園庭にある木製の流木遊具。そんな遊具での「ありがち」な4歳児クラスのエピソード。
　入園時から運動が苦手なひかる。生活の中でも歩行をはじめ配慮を必要とする場面が多々ありました。進級したころ，散歩に出かけると一生懸命に歩くひかるが集団から少しずつ離れていき，気がつくと加配保育士とはるか遠くを歩いている光景をよく見ました。そんなひかるも，日常の小さな動きの積み重ねで，秋の運動会を迎えるころには，体の動きも柔軟になってきました。
　そこで，自信につながってくれたらと園庭にある流木遊具に登ってみようと声をかけてみました。ひかるはやる気ではなかったものの，保育士が付いてさっそくやってみることに。予想以上に手足がうまく使えず，高いところに登る恐怖で体は固まってしまいまったく登れず，高さに慣れさせようと保育士が抱き上げて乗せると木にしがみつき動くこともできない様子。「まだ早かったのかな？　それでも何か変わるのでは…」という期待から毎日繰り返してみました。
　ある日，まさとが流木遊具に登ろうとするひかるに近づき遊具を指差しながら「ここ　ここ」と声を掛けてきました。まさとは，活発な子ではあるものの，自分から話しかけたり，気持ちを伝えたりするのは苦手な1人遊びが好きな子。どうやら登るために足をかける場所を教えてくれているようでした。そんなことを言われても体が固まり足を上げることもままならないひかるの足をなんと押し上げだすという荒業に…。驚きながらも足は上がるが少し登れば恐怖で木にしがみついて動かないひかるに対して，まさとは怖がる姿に気づいていないのかお構いなしで少し声を荒げながら「ここ！　ここ！」とひかるの足をどんどん押し上げていきます。お互いに必死のやりとりがしばらく続いた後，流木遊具の一番上に乗っている2人の姿がありました。手を振りながら登れたことを大満足で報告してくれるひかる。その横で「落ちないように見守ってます」と言わんばかりの表情のまさと。
　次の日，園庭に出るとひかるは1人で流木遊具に登りだし，そこにまさとの姿はありませんでしたが，じっくりと時間をかけて一番上まで登れるようになっていました。
　できるようになったことで自信がついたひかるは，やってみようという意欲が膨らみ，保育士が入らなくても自分から友達の輪の中に入っていくようになりました。
　流木遊具の荒業の日から数日後，登園して1人でぽーっと立っていたひかるにまさとがそっと近寄り何を言うわけでもなく手をひっぱり自分の遊びに引き込んでいったのです。まさとが友達を遊びに誘うという姿をこのとき初めて見たように思います。ブロックでつくった剣を振り回し見えない敵（空想の相手）との戦いごっこを楽しんでいたまさとが，この日を境に，友達とブロックで同じ形の物を作り積み重ねるなど，共有遊びを楽しむようになっていきました。
　荒々しい流木の遊具でのやりとりで2人に育ったもの……。一人でなしえた達成感であったらこの後の友達とのかかわりの変化にはつながらなかったように思います。
　保育士が，自分の力でということを大切にして手を出さなかった部分にまさとは全力で手を添え，怖いながらもそれを拒否せず受け入れてやり遂げ，自分のものにしたひかる。
　子どもどうしのかかわりだったからこそ育ったものなのかもしれません。「ありがち」な子どもの姿の中には，無限大な可能性がいっぱいあふれていることを考え直させられる出来事でした。

Work 5
保育者による発達援助

　子どもたちは，幼児期に基本的な生活習慣を身につけていきます。食事，清潔，排泄等，人が社会生活を送っていく上で非常に基本的な力です。たとえば，「トイレに自分でいく」，みなさんには当たり前のことですが，これが子どもたちの成長，生活に与える意味とは何だと思いますか？　エリクソン（Erikson, 1950）は，幼児期の発達課題として「自律性」を挙げており，トイレットトレーニングをはじめしつけに関わることを，誰かの力を借りずに自分でコントロールしていくことが大事であるといっています。つまり，尿意を感じてトイレに行くというのは自分自身をコントロールするということにつながっているのです。ただ，誰もがこの課題を簡単にクリアしていくわけではありません。トイレは，普通の部屋とは雰囲気の異なる場所で，子どもによっては「怖い」と感じることもあります。子どもの大好きなキャラクターの絵を貼るなど，興味関心を持てるような環境を工夫することで，自分でトイレに行くということを促せる場合もあります。家ではトイレに行きたがらないけれど，他の子どもたちがトイレに行くので自分も行く気になるという子どももいます。また，こだわりがあって，おむつの中でしかおしっこやうんちをしたくないという子どももいます。保育の現場には，障害のある子どもも含め，さまざまな特性を持った子どもたちがいますが，すべての子どもたちにとって乳幼児期は社会生活を送っていくための土台を作る時期です。本ワークでは，子どもたちの発達をどのように理解し，援助していくのかについて学んでいきたいと思います。

Work 5-1　乳幼児期の発達理解と援助

①基本的生活習慣に関する順序についての問題です。以下に書いてある行動が，自分でできるのはいつごろだと思いますか？　まず，できるようになる順番に並び替え，それぞれの項目が何歳ごろにできるようになるか考えてみましょう。

ア）ストローで飲む
イ）コップを持って水を飲む
ウ）こぼさないで一人で食べる
エ）ひとりでパンツを脱ぐ
オ）上着を一人で脱ぐ
カ）自分で鼻をかむ
キ）靴を一人ではく
ク）お菓子の包み紙をとって食べる
ケ）「おしっこ」と予告する

②幼児期の課題の中で，排泄の自立というのは大きな課題です。
　おしっこをトイレでできるようになるのはいつぐらいでしょう？
　うんちをトイレでできるようになるのはいつぐらいでしょう？
　おしっこやうんちをオムツではなく，トイレでできるようになるというのは子どもにとってどういう意味があると思いますか？　話し合ってみましょう。

　人間の発達の過程はいくつかの段階に分けて考えることができます。一般的に年齢ごとに，乳幼児期，児童期，青年期，成人期，中年期，老年期などと分けられ，みなさんもそうしたことばにはなじみがあると思います。実は，それぞれの時期には，達成すべき課題（発達課題）があるといわれています。精神分析学の礎を築いたフロイトは，リビドー（性的エネルギー）の発達という観点から，口唇期，肛門期，男根期（エディプス期），潜在期，性器期に分けています。特に，乳幼児期は母親との一体感から脱却して，自分で自分のコントロールをしていくという自律性を獲得し，母親以外の大人との関係も構築していくことを通して，自我を形成していくと指摘しています。また，同じく精神分析家であったエリクソンは，社会的な観点から人の発達を8段階に分けています。
　図5-1からもわかるようにエリクソンはそれぞれの発達段階に特有の心理社会的危機を挙げ，それぞれの危機を通して発達していくとしています。乳児期には養育者との愛着関係を通して基本的信頼感を身につけること，幼児期前半には排泄という課題を軸に，自分で自分をコントロールするという自律性を身につけていくこと，幼児期後半は，自己主張をしながら他者（社会）に働きかけていくことを通して，自発性を身につけていくことが必要と指摘しています。対になっている概念は，シー

		1	2	3	4	5	6	7	8
Ⅷ	老年期							自我の統合 対 絶望 （智慧）	
Ⅶ	成人中期						世代継承性 対 停滞・自 己陶酔 （世話）		
Ⅵ	成人初期					親密性 対 孤 立 （愛）			
Ⅴ	青年期				アイデンティティ 対 アイデンティティ拡散 （忠誠心）				
Ⅳ	児童期			勤勉性 対 劣等感 （有能感）					
Ⅲ	幼児後期		自主性 対 罪悪感 （目的感）						
Ⅱ	幼児初期	自律性 対 恥，疑惑 （意志）							
Ⅰ	乳児期	基本的信頼 対 基本的不信 （希望）							

図 5-1　エリクソンの心理社会的発達段階（Erikson, 1950 より）

ソーのような関係でどちらも経験をしながら，課題を達成していくと考えられており，失敗経験が優勢になるとその課題は次の発達段階に積み残されていくといわれています。先人たちの指摘した発達課題を見てみると，人との関係だけでなく，排泄を始め自分のことを自分でできるようになるという基本的な生活習慣の確立の重要性も大きいことがわかります。

　こうした課題は，当然ながら子どもが一人で達成していくものではなく，他者との関係や働きかけが非常に大きな役割を果たしています。発達援助というのは，子どもの今の発達段階や発達課題を見極めながら，必要な手立てを用意したり，働きかけたりすることで，保育の中でも非常に重要な営みになっています。

基本的な生活習慣

　基本的な生活習慣とは，食事や排泄，着衣，清潔，睡眠など人が社会生活を送る上で必要とされるものです。こうした習慣の獲得は，身体や認知機能の発達と大きく関係していますが，小学校に入学するまでには生活に必要な基本的なことは一人でできるようになっていきます。ワーク1で取り上げた行動について，乳幼児の発達状況を調べる検査の1つである遠城寺式乳幼児分析的発達検査表によると，だいたい下記のよう

な時期にできるようになるとされています。

① イ）コップを持って水を飲む　10か月〜11か月
② ク）お菓子の包み紙をとって食べる　1歳0か月〜2か月
③ ア）ストローで飲む　1歳6か月〜8か月
④ ケ）「おしっこ」と予告する　1歳8か月〜2歳
⑤ エ）一人でパンツを脱ぐ　2歳〜2歳3か月
⑥ ウ）こぼさないで一人で食べる　2歳3か月〜6か月
⑦ キ）靴を一人ではく　2歳6か月〜9か月
⑧ オ）上着を一人で脱ぐ　2歳9か月〜3歳
⑨ カ）自分で鼻をかむ　3歳4か月〜8か月

　食事や着衣に関する習慣は，手指の運動発達に大きく関係しています。食事であれば，最初は手づかみで食べ，コップで飲めるようになり，1歳を過ぎると，スプーンやフォークで食べようとするようになります。2歳を過ぎると自分でうまくスプーンやフォークを使ってこぼさずに食べられるようになります。お箸も3歳ごろから使うようになります。最初は，何でも手でつかんで食べて手も顔もぐちゃぐちゃ，食べこぼしもあって後片付けをする大人は大変ですが，自分で食べるということは自分が主体的に生活しているということのあらわれでもあります。また，それぞれの時期で行う動作を十分に経験させることで，手指の発達が促され次のステップに進むことができます。

　事例1　0歳児クラスのゆう君とさきちゃん
　0歳児クラスのゆう君，食わず嫌いであまり食事がすすみません。いっぽうで，さきちゃんは食べるのが大好き。いつも黙々と食べています。ゆう君の大好きなさきちゃんを隣の席にして，保育者が「ほら，さきちゃんも食べてるよ〜」と声をかけたり，さきちゃんが自分のお皿からおかずを差し出すようなしぐさを見せてくれると，ゆう君も頑張ってそれまで食べなかったものも口に入れるようになりました。

　小さいころは，好き嫌いが多いものです。少しずついろいろな味を経験して味覚が発達していくことでいろいろなものが食べられるようになっていきます。また，周りの子どものたちに影響を受けて食べるという姿も少しずつ見られるようになってきます。みんな「好き嫌いなく食べる」ということができればよいですが，なかなかそうはいきません。無理やり食べさせようとすると，子どもはますますかたくなになります。保育者が，食べた，食べないにこだわりすぎず，楽しい食事の時間を保証し，「いずれ食べられるようになる」と長い目で見守ることも重要です。

　着脱衣は1，2歳前から靴下や帽子を脱ぐなど簡単な動作から始まり，

2歳ごろには自分のパンツやズボン，スカートを脱げるようになります。はきやすいものであれば，ズボンやスカートを自分ではくようにもなっていきます。そして，4歳になるまでには，ほとんどの衣服を自分で脱いだり着たりすることができるようになります。最初はすべて大人がしていたものが，少しずつその発達の時期に応じて，声をかけてきっかけを与えることで，自分でやろうとする意欲を育て，自分でできたという達成感を得られるようになっていくことが重要です。

排泄に関しては，以前は，2歳前後で自立するといわれていましたが，3歳児健診で排泄が自立している子どもは50％前後という結果や（矢倉・廣江, 1993），3歳児クラスで入園当初オムツをしている子どもが1人以上いるクラスは，9割にも及ぶ（金山・丸山, 2007）など，最近では自立の時期が遅くなってきていると指摘されています。こうした背景には，パンツタイプの紙おむつが普及していることに加え，排泄の自律に向けた取り組みであるトイレットトレーニングを園に依存する傾向が強まっていることや，家庭でトイレットトレーニングに取り組む時期が遅くなっていることが挙げられます（金山・丸山, 2007）。

一般の育児書等でも紹介されていますが，トイレットトレーニングを始めるタイミングについていくつかの条件があり，歩けるようになっていることや，尿意を伝えられること，排尿間隔が2時間以上あることなどがあります。こうした条件がそろわないまま，トレーニングをスタートさせるとうまくいかないということもあります。また，トイレの音や雰囲気が怖くて行きたがらない，オムツで排泄をする方が安心感があるということで，なかなかオムツがとれない場合もあります。そうしたタイプの子どもたちには，いきなり「トイレでおしっこ，うんちをする」という目標を立てず，本人が取り組めそうな小さな目標からスタートすることも重要です。

事例2　3歳児クラスのえみちゃん
えみちゃんは，尿意も便意もあるのですが，オムツの中でしか排泄ができません。どうやら，トイレに座ることに恐怖心があるようです。お母さんと保育園とで協力していくつかのステップでトレーニングをすることになりました。最初は，オムツをトイレで交換するようにしました。それができたときにはえみちゃんの好きなキャラクターシールを用意して，「がんばりシート」に貼れるようにしました。それが定着してきたら，オムツをしたままトイレに座っておしっこやうんちをするようにしました。それができるようになってしばらくすると，自分からオムツを脱いでトイレでできるようになりました。

難しい課題を達成するために，小さな目標を順番にたてて少しずつ課

題達成に近づけていくというのは,「スモールステップ」の考え方です（ワーク4参照）。なかなか課題が達成できない場合には,大人が期待している目標が高すぎないか再度検討し,本人が取り組めそうなことから始めてみることも必要です。子どもがやる気を持って取り組める,頑張ったことをきちんと評価をされるという体験が,「自分でできた」「自分でやるのだ」という自信につながっていくのです。

こうして見ると,基本的生活習慣を身につけるということは単にスキルを獲得していくということだけではなく,他者とのかかわりを通して主体的な生活者になっていくための大事な過程であることがわかります。習慣の獲得は,以前は家庭の大きな役割でしたが,低年齢から保育園に入園している子どもの増加や家庭の機能の低下などにより,保育園や幼稚園で行うことが重要な役割となってきています。松田（2011）は,子どもは毎日の繰り返しの中で,周りが何をしているのか「観察」し,自分もやってみようと「模倣」し,大人からの声かけ（「トイレに行こう」「手を洗おう」など）や子どもが自分でも言う「ことばによる意識化」によって,基本的生活習慣が定着していくと指摘しています。保育園や幼稚園などの集団生活は,まさに観察・模倣ができる環境であり,大人や子どもたちの力をかりて,身の回りのことを自分でする力を身につけていく場でもあるといえるでしょう。

事例3　4歳児クラスのけんとくん

けんとくんはいつも友達の遊びについていくタイプで,あまり自分から積極的には動かない男の子です。お友達との遊びでトラブルになり保育者が話を聞いてみると,けんとくんにも本当は言いたいことがあるのですが,相手の勢いにおされて言えないままになってしまうようでした。そこで,保育者はけんとくんが相手に言いたかったことが言えるよう,「けんとくんはどう思う？」「けんとくんにも意見を聞いてみよう」などと声をかけるようにしました。また,けんとくんが大好きな給食を利用して,その日の給食の中身を確認して発表する当番をお願いすることにしました。
けんとくんは少しずつ自分がやりたいこと,やりたくないことを伝えられるようになっていき,お手伝いも積極的にするようになりました。

幼児期後半は,先述のように,自己主張など他者（社会）に働きかけていくことを通して,自分が社会に働きかけていける存在であることを自覚していくことが重要になります。自分のやりたいことを主張する（自己主張）ことや,自分のやりたいことを我慢する（自己抑制）,それぞれを経験しながらうまく両者のバランスをとりながら他者との関係を築い

ていきます。こうした関係づくりにも，保育者の働きかけが大きな影響を与えます。また，意識的に役割を子どもに持ってもらうことで，集団に自ら働きかけるきっかけとなることもあります。子どもの発達課題だけでなく，子どもの特性や性格を考慮しながら，保育の中でできることを工夫していくことが重要です。

けんとくんのように，子どもたちは，自分一人ではまだできない，でも，代わりに誰かの助けが絶対に必要ということでもないということがよくあります。こうした狭間にあるずれの範囲のことを，ヴィゴツキー（Vygotsky, L. S.）は，「発達の最近接領域」と呼びました。少しの手助けやきっかけがあれば，一人でできるようになっていく可能性を持っているということで，発達の援助や教育は，子ども一人一人の発達の最近接領域を見極めて援助の内容や関わり方を検討することが求められています。

同じクラスであっても，子どもたちの発達課題は異なります。本ワークでは取り上げませんでしたが，基本的信頼感の獲得など対人関係での課題につまづいている子どももいれば，知的発達で遅れがある子もいます。そうした子どもたち一人一人の発達段階や発達課題を理解しながら，保育を行っていくことが必要です。

● 応用ワーク ●

1) 保育所保育指針を参考に，それぞれの年齢の発達課題について整理してみましょう。
2) 子どもたちの発達援助について，現代の保育の課題についてベテラン保育士さんがどのようなことを感じているか聞いてみましょう。

保育所保育指針は，厚生労働省が保育所の保育の内容や運営に関する事項を定めたものです。この中の第2章には「子どもの発達」として乳幼児期の発達の特性とともに，おおむね6か月未満，おおむね6か月から1歳3か月未満，おおむね1歳3か月から2歳未満，それ以後，2歳，3歳，4歳，5歳，6歳までの子どもの発達の過程についてもまとめられています。これらも参考にしながら，それぞれの発達段階にどのような課題があるのかについてまとめてみることは，発達の流れを理解する上でも重要になります。

Work 5-2　障害児の理解と援助

1)「障害児保育」と聞いてどのようなことをイメージしますか？　保育者が果たす役割はなんだと思いますか？　グループで話し合ってみましょう。
2)「自閉症」「注意欠如・多動性障害（ADHD）」「学習障害（LD）」「知的障害」について，それぞれどのような障害だと思いますか？
3) 以下の事例で自分が担任だったら，どのような対応をする必要があると考えますか。①さとるくんへの関わり方，②保育の活動内容，③他の子どもとさとるくんの関係の視点で，話し合ってみましょう。

さとるくん；3歳，言葉の遅れがあり，落ち着きがない男の子。
さとるくんは2歳児クラスに入園してきました。自由遊びのときは，落ち着いて遊ぶことができず，気になるものを少し触ってはすぐにうろうろしたり，教室から飛び出したりします。また，園庭遊びのときも，砂をひたすらまきちらすという遊びをマイペースに繰り返すため，他の子どもたちが「やめて！」と嫌がることもたびたびあります。さとるくんは，大好きな電車のおもちゃを持っていれば落ち着くことができますが，「いや」「とって」など単語レベルでのやりとりが中心で，上手に自分の思いが伝えることができず，周りもさとるくんが何を伝えようとしてくれているのかがわからないことがあります。

　現在，保育園や幼稚園に在籍する障害のある子どもは増加しており，彼らへの援助をどのように進めていくかということは大きな課題となっています。厚生労働省の発表によると，保育園に在籍する障害児は，平成24年度時点で全国に5.1万人いるといわれており，保育園を利用する子どもの2.3％の割合となっています。日本では，障害のある子どもたちの権利を守ろうとする人々の運動により1970年代後半から障害児保育の取り組みが広がっています。その根底には，糸賀（2003）のいう「それぞれの発達段階がもつ無限の可能性を信じ，それを豊かに充実させる」ことで，障害のある子どもたちの発達を権利として保障するという発達保障の考え方が流れています。
　障害のある子どもたちの保育を展開していくときには，その子どもたちの障害の中身について理解するだけでなく，その子の個性や発達の姿を理解し，その子自身の育ちを保障していくことが必要になります。

障害の理解

　一般の保育園や幼稚園に在園する障害児の中でも特に多いのが，発達障害児と知的障害児です。
　発達障害ということばは近年，医学，教育，福祉，さまざまな分野で使われることが増えてきているため，聞いたことがある人も多いのではないでしょうか。発達障害は，知的障害も含めて考えられることもありますが，2004年に発達障害者支援法が成立し，「自閉症，アスペルガー症候群その他の広汎性発達障害，学習障害，注意欠陥多動性障害その他

これに類する脳機能の障害であってその症状が通常低年齢において発現するもの」と定義されています。それ以後，一般的に使われる「発達障害」は，自閉症やアスペルガー障害，注意欠陥多動性障害，学習障害を指すようになりました。こうした法律が成立した背景には，知的障害の場合，知的障害者福祉法によってさまざまな支援や制度が整っているいっぽうで，知的障害のない自閉症，アスペルガー障害，注意欠陥多動性障害，学習障害のある人たちには，社会生活を送る上で困難があるにもかかわらず十分な施策が行われていないという背景がありました。

　発達障害の子どもたちの多くは知的障害がないため，「本人の努力」や「性格」の問題として適切な理解や支援を受けることが難しいという問題もあり，支援に関わる者たちが適切な理解をしていくことも必要です。また，明確な診断はないけれども，「気になる子ども」として，配慮が必要な子どもたちも増えてきています。小中学校を対象にした文部科学省の調査（2012）では，限局性学習障害（LD），注意欠如・多動性障害（ADHD），自閉症スペクトラム障害（ASD）など，通常学級に在籍する発達障害の可能性のある子どもたちが6.5％程度いることが明らかとなっています。保育の中でもこうした特徴を持った子どもたちが一定の割合いることが推測されます。

　発達障害は，いくつかの障害を合併する場合もあり，さまざまな困難さを持っている子どもたちもいます。そうした背景もふまえ，それぞれの障害について，その中身がどのようなものなのか詳しく見ていきましょう。

①自閉症スペクトラム障害（Autism Spetrum Disorder; ASD）[*1]

　先述した発達障害者支援法の定義の中に出てくる，「自閉症，アスペルガー症候群，その他の広汎性発達障害」については，2013年に診断基準が改訂され「自閉症スペクトラム障害」という診断名に統一されることになりました。スペクトラムとは日本語でいうと「連続体」という意味です。非常に強い障害特徴を示すタイプから，軽度の障害特徴を示す方を一つの「連続体」として捉えようとする考え方になります。

　自閉症スペクトラム障害は，対人関係上の難しさ（コミュニケーションや人間関係の構築など）と，「こだわり」といわれるような限局された反復する行動や興味の2つに特徴づけられます。対人関係上の難しさには，たとえば，幼少期の姿でいうと，視線が合いにくい，本人の気持ちがうまくつかめず親と気持ちの共有ができない，ごっこ遊びなど年齢相応の遊びを友達とすることができない，集団で動く活動への参加が難しい，バイバイなどのジェスチャーがうまく使えなかったり，相手のジェスチャーの読みとりがうまくできないなどの特徴があります。

　限局された反復する行動や興味には，相手から言われたことをそのまま繰り返す（おうむ返し）特徴や，興味関心が非常に限られていて，ひ

*1　DSM-5では自閉スペクトラム症／自閉症スペクトラム障害と併記されています。

たすら回るものを見て楽しむ，規則的に並べる遊びに没頭するといった様子が見られることもあります。また，繰り返しや決まったパターンがあることが安心するという特徴から，いつもと違う状況や場面になると落ち着かなくなったり，予定が突然変更になったりするとパニックになることもあります。その他，感覚過敏や感覚鈍麻など，身体感覚の問題がある場合もあります。特定の音（赤ちゃんの泣き声や，トイレの水が流れる音，掃除機の音など）が苦手で耳をふさいだりする過敏性や，頭をぶつけたり転んでけがをしても平気でいたり，熱が出ていても気づかないなど鈍感さなど，感覚の問題が大きいために，生活を送る上で本人が困ってしまうこともあります。

ただし，こうした特徴はそれぞれの発達段階に応じて変化していくものも多く，幼児期の姿がその後もずっと続くわけではありません。経験や周りからの働きかけによって変化していく場合もあり，本人なりの発達の姿をていねいに見守っていくことが必要です。

②注意欠如・多動性障害（Attention Deficit Hyperactivity Disorder; ADHD）[*2]

*2 DSM-5では注意欠如・多動症／注意欠如・多動性障害と併記されています。

この障害の特徴としては，気が散りやすくて集中力が続かない，忘れ物が多いなどの「不注意」，落ち着きがなく動き回る，じっと座っていられないといった「多動性」，思い立ったらすぐ行動に移してしまう，状況を見て待つということが難しいといった「衝動性」の3つが挙げられます。幼少期は，家の中で遊ぶよりも外で走り回っている方が好き，買い物に行くと迷子になってしまう，気になったことは所構わず口にしてしまうといった様子が見られることもあります。いっぽうで，自分の興味や関心のあることはいつまででもやり続けること（過集中）もあり，意欲関心によってできること，できないことの差が出てくる場合もあります。こうした子どもたちは，うまくその場の状況に合わせて自分のコントロールをすることが難しいのです。大人は「やろうと思えばできるのだから」ということで本人を変えさせよう，自分でコントロールできるようにさせようとときにはきつく叱ってしまうこともあるのですが，本人が一人ではうまくできないから困っているのだという理解をする必要があります。特に幼少期は，本人がうまく活動に乗れるような課題や環境を設定していくことがとても重要で，頑張ったことを認められてほめられることで本人自身が自信をつけていけるようにしてくことが必要となります。

③限局性学習障害（Specific Learning Disorder; LD）[*3]

*3 DSM-5では限局性学習症／限局性学習障害と併記されています。

学習障害は，知的な遅れがないにもかかわらず，特定の学習領域（読み，書き，計算等）で著しい困難があるというのが特徴です。たとえば，本は読めるのに，自分で字を書くとなると正しい字が書けない，計算がうまくできず間違ってしまうといったことがあります。こうした難しさ

は学校に入学してから明らかとなることもありますが，就学前にも，非常に不器用で絵が描けない，左右の区別がぱっとできない，簡単な数の計算ができないなど，気になる行動特徴が見られることもあります。知的な遅れがないために，「やる気や関心がない」「不器用なだけで，そのうち何とかなる」と思われることも多いですが，そうした認知の難しさがあるのかもしれないという視点で子どもの姿をていねいに観察し，必要な手だてを考えていくことも重要です。

④知的障害（Intellectual Disability）*4

　知的障害は，発達期（18歳以下）までに，知的な機能が明らかに低い（IQ=70以下）ということと，適応技能（身辺自立，家庭生活，余暇活動など）に著しい困難があるという特徴があらわれるとされています。知的障害は単一の障害ではなく，さまざまな障害に合併することもあります。これを病理型と呼びますが，代表的なものがダウン症です。ダウン症は，21番目の染色体の異常による障害で，運動発達や知的発達の遅れを伴うことが非常に多い障害ですが，一般の保育園に通う子どもたちも増えています。また先述の自閉症スペクトラム障害の中にも，知的障害を合併する場合もあります。知的な遅れがある場合には，他の子どもと同じ遊びや活動が難しい場合もあり，保育の内容を工夫していくことも必要になります。また，原因がはっきりしないこともあり（生理型），病理型よりも多くいるとされていますが，知的な遅れが軽度であると適切な理解や支援がされないままになってしまうことも多く，注意が必要です。

　その他にも，脳性まひ，視覚障害，聴覚障害など，一般の保育園に特別な配慮が必要な子どもたちが在籍しています。最近では，何らかの配慮が必要な子どもたちは，保育園や幼稚園入園前に，地域の親子教室や障害児の通園施設を利用し，小集団での活動を経験して入園してくることも増えてきました。保育園や幼稚園など大集団での生活はどの子どもにも負荷がかかるものですが，何らかの配慮が必要な子どもたちにはもっと負荷がかかり不安になりやすい場でもあります。子どもが安心して生活していくためには，保育者の力が必要不可欠です。

　子どもの障害について正しい知識を持つことは重要ですが，どの子にも個性がありそれぞれの発達の姿があります。子どもの抱える難しさを「障害」として捉えるだけではなく，発達段階（レベル）の中で位置づけて考えていくことも必要です。これまで各ワークで学んできたことが，それを考える上での参考になるでしょう。この子は本当はこうしたい，こうありたいと思っているのではないか？　手だてがあれば可能になることもあるのではないか？　そうした視点を持って子どもへの関わり方や保育の内容を検討することも必要です。また，クラスの子どもた

*4　DSM-5では知的発達症／知的発達障害という診断名になっています。
診断名についてはその基準や名称が変化する場合もあります。その都度，学習しながら確認していきましょう。

ちが強力なサポーターになることもあります。周りの子どもたちに刺激を受けて，障害のある子も成長していきます。クラスの中で，障害のある子どもがきちんと認められる土壌をつくっていくことが保育者には求められます。

保護者への理解と対応

　わが子に障害がある，発達の遅れがあると指摘されることは親にも大きな影響を与えることになります。特に母親は，自分の育て方が悪かったのだろうか，自分の行いが悪かったために障害のある子が生まれたのではないかといった罪悪感を感じることもあります。そうした思いを抱えながら，毎日子どもと向き合って育てていかなければならないという家族の状況について思いをめぐらせてみましょう。

　「障害を受容する」というのはとても難しいことで，親は子どもの成長過程の節目節目で思い悩み，葛藤を抱きながら親として成長をしていきます。中田（1995）は，そうした親の障害受容の過程を「螺旋型モデル」として提唱しています。親の内面には，障害を肯定する気持ち，否定する気持ちが常に存在していて表裏一体であること，落胆する時期もあれば，適応していく時期もあり，それは連続した1つのプロセスでありすべてが適応の過程であると述べています。障害のある子どもの保育は，保護者の理解と協力が非常に重要です。そうした家族の複雑な思いにも目を向けて，そこに寄り添って一緒に子どものことを考えるという姿勢が保育者には求められます。

　保育の中で見せる子どもたちの姿は決していつも楽しいものばかりではなく，ときには対応に困ったり，トラブルになったりすることもあります。同じクラスの保護者の方にどのように理解をしてもらうかということを考えていかなければならないこともあるかもしれません。そうしたとき，保育者がこどもの姿をどう捉えているかということも大きく関わってきます。子どもが見せるさまざまな姿を障害特性のあらわれや問題としてのみ捉えるのではなく，子どもの願いや成長の姿として捉え，それを保護者に伝えていくことも保護者を支えていくことになります。「○○障害の〜ちゃん」ではなく，「〜ちゃん」として受け止め，「こういうところ，とってもかわいいですよね」「こんなことができるようになったのですよ」，そうしたことばがけやまなざしを保護者と共有していくことが，子どもに関わる人たちの理解を深めるとともに，子どもが家庭や園で安心して過ごせることにつながっていきます。

応用ワーク

1) 冒頭のさとるくんの事例を再度読んでみて，自分が担任の保育者なら今後どのようにさとるくんと関わり，どのような援助をする必要があると思うか考えてみましょう。

2) 発達障害者が自らの世界観や体験を書いた本がたくさん出版されています。そうした本を読んで，当事者が感じている感覚や世界について考えてみましょう。

障害のある子どもたちの世界は，教科書的な知識を当てはめるだけでは理解ができないことがたくさんあります。たとえば，自閉症の子どもの「こだわり」行動についても，そうしていないと不安だから，強く興味関心が引かれているから……など，子どもによって理由は違います。当事者の方の話を聞いたり，本を読んだりすることも子どもを理解していくための手がかりになることもあります。積極的にそうした機会をつくって，理解を深めていきましょう。

子育て支援センターでの親子遊び

お弁当，僕だって一人で食べれるよ！

うーん，食べたくないけど…頑張る！

コラム5
療育の現場から

　発達の遅れがある子や，障害のある子たちに対して支援を行う事業に，児童発達支援事業があり，この事業にも保育者は深く関わっています。一般の保育とは下記の2点が大きく異なります。

　1点目は，施設基準に関連して集団の大きさや職員配置の条件が違います。児童発達支援は事業所全体の定員に対して職員配置は子ども4人に保育者1人（センターの場合）となりますので，少人数のクラスで複数担任となります。

　2点目は，児童発達支援の実践の柱は「発達支援」（子どもへの直接のかかわり）だけでなく「家族支援」「地域支援」を合わせた3つであることです。児童発達支援は小さな事業所を合わせると全国に2,000カ所以上もあり，全体を網羅することができませんが，私が事務局を務める「全国発達支援通園事業連絡協議会」では1997年発足以来，上記の3つを中心課題と位置付けています。「育てにくい」，「発達が気になる」が障害の有無を判断するにはまだ年齢が小さすぎる子どもたちです。揺れて当然の家族の気持ちに寄り添い，ともに子どものことを捉えながら家族の子育てを支えます。ときにはきょうだいのことや高齢家族の介護などもふまえて家族まるごと支える必要もあります。

　また，入園前，卒・退園後も「地域で当たり前に暮らせる」ことを目標にさまざまな取り組みをしています。そのために保健所（センター）の乳幼児健康診査やその後の教室，幼稚園・保育園，学校との連携を抜きには考えられません。ただ，家族支援や地域との連携は，大学在学中にしっかりと学ぶことができないのが実情で，仕事をしながら力をつけていくしかない厳しさも感じています。

　一方で，保育者が日々子どもたちに向き合っている場面では基本は「保育」です。いわゆる「0歳児の保育カリキュラム」ではうまくいきませんが，目の前にいる子ども・集団の実態から出発し，健康・生活・遊び，集団づくりなどの観点で組み立てたカリキュラム（仮説）に基づいて実践，検証，再立案する流れは保育そのものです。私の職場である児童発達支援センターでは，秋ごろに次年度の入園を希望される方が見学にみえます。クラスにいる子どもたちを見て，「この子たちはどこが心配なのですか」とよく言われます。「朝のつどい」で手あそびや絵本の読み聞かせをしている場面で子どもたちが落ち着いて参加していたからです。春先は，朝のつどいにどの子も全く参加できず誰も部屋にいなかったクラスなのですが，毎日通ってくることの大切さを痛感します。「この部屋で，いつもの友だちと，大好きな先生が楽しいことを提案してくれる」と期待できるようになったのです。ただし，そう長続きはしません。一曲歌が終わったら，各自好きな方向にお出かけです。昨日お気に入りだった歌，絵本だから今日もそうとは限りません。

　必死に知恵を絞って，話し合って立てたカリキュラム，時間をかけて準備した教材なのに，子どもたちが見向きもしないことは日常茶飯事なのです。でも，うまくいかないのは子どものせい，障害のせいではありません。まだ，知恵が絞り足らない，工夫が足らない，ひょっとしたら導入の仕方，タイミングに課題があったのかもしれない，子どもの体調や生活リズムの乱れの把握が不充分だったかもしれないと，振り返り，明日に向かって準備をします。これこそが「療育」の最高の醍醐味でしょう。もちろん厳しさではありますが。

Work 6
自己の理解と保育者としての成長

　子どもたちは保育者のことを「せんせい」と呼びます。保育者とは、子どもとただ遊ぶだけの職業ではありません。みなさんはこれまで、保育に関する学びを進めてきました。保育者が子どもの発達に関わる責任のある存在であることを、徐々に理解してきたのではないでしょうか。

　子どもの発達に関わる上で、保育者に求められる資質とは何なのでしょうか。また、保育者に向いている人とはどのような人でしょうか。そしてあなたは、それに対してどのような資質を持っていて、保育者になる上でどのようなことが課題として残されているのでしょうか。

　養成校での学年が進むにつれて、実習などの現場で学ぶ機会も増えていきます。現場に出ることについては、誰しもが不安を感じるはずです。そして実習では、多かれ少なかれ、誰しもが失敗をします。失敗しないような人はそもそも実習に行く必要がないわけですから当然のことです。むしろ失敗をするために実習に行くと言ってもいいでしょう。重要なのは、その失敗からいかに多くの課題を見出し、保育に関する技能と自信を高めていくか、という点です。

　では、現時点で、みなさんにとってどのようなことが課題となっているのでしょうか。このワーク6では、自己の理解と保育者としての成長をテーマに2つのワークを紹介します。まず、自分自身がどのような人間なのかを表現してみることで、自分の長所と短所を整理してみたいと思います（ワーク6-1）。その上で、保育についての自信が現時点でどの程度あるのか、また、保育に関わる活動のどのような側面に不安を感じているのかを保育者効力感という観点から探ってみましょう（ワーク6-2）。

Work 6-1　自分自身を知ろう：20答法

　下の1から20までの，それぞれの横線の上に，次の質問を読んで頭に浮かんできたことを20通りの違った文章にまとめて下さい。

「私はだれだろうか」

　この質問は，あなたが自身に問いかけているもので，他の人からの，あるいは他の人への問いではありません。そのつもりで頭に浮かんできた順に，理屈や大切さを抜きにして，1から20までを埋めて下さい。

1. 私は，＿＿＿＿＿＿＿＿＿＿＿＿＿＿＿＿＿＿＿＿＿＿＿＿＿＿＿
2. 私は，＿＿＿＿＿＿＿＿＿＿＿＿＿＿＿＿＿＿＿＿＿＿＿＿＿＿＿
3. 私は，＿＿＿＿＿＿＿＿＿＿＿＿＿＿＿＿＿＿＿＿＿＿＿＿＿＿＿
4. 私は，＿＿＿＿＿＿＿＿＿＿＿＿＿＿＿＿＿＿＿＿＿＿＿＿＿＿＿
5. 私は，＿＿＿＿＿＿＿＿＿＿＿＿＿＿＿＿＿＿＿＿＿＿＿＿＿＿＿
6. 私は，＿＿＿＿＿＿＿＿＿＿＿＿＿＿＿＿＿＿＿＿＿＿＿＿＿＿＿
7. 私は，＿＿＿＿＿＿＿＿＿＿＿＿＿＿＿＿＿＿＿＿＿＿＿＿＿＿＿
8. 私は，＿＿＿＿＿＿＿＿＿＿＿＿＿＿＿＿＿＿＿＿＿＿＿＿＿＿＿
9. 私は，＿＿＿＿＿＿＿＿＿＿＿＿＿＿＿＿＿＿＿＿＿＿＿＿＿＿＿
10. 私は，＿＿＿＿＿＿＿＿＿＿＿＿＿＿＿＿＿＿＿＿＿＿＿＿＿＿
11. 私は，＿＿＿＿＿＿＿＿＿＿＿＿＿＿＿＿＿＿＿＿＿＿＿＿＿＿
12. 私は，＿＿＿＿＿＿＿＿＿＿＿＿＿＿＿＿＿＿＿＿＿＿＿＿＿＿
13. 私は，＿＿＿＿＿＿＿＿＿＿＿＿＿＿＿＿＿＿＿＿＿＿＿＿＿＿
14. 私は，＿＿＿＿＿＿＿＿＿＿＿＿＿＿＿＿＿＿＿＿＿＿＿＿＿＿
15. 私は，＿＿＿＿＿＿＿＿＿＿＿＿＿＿＿＿＿＿＿＿＿＿＿＿＿＿
16. 私は，＿＿＿＿＿＿＿＿＿＿＿＿＿＿＿＿＿＿＿＿＿＿＿＿＿＿
17. 私は，＿＿＿＿＿＿＿＿＿＿＿＿＿＿＿＿＿＿＿＿＿＿＿＿＿＿
18. 私は，＿＿＿＿＿＿＿＿＿＿＿＿＿＿＿＿＿＿＿＿＿＿＿＿＿＿
19. 私は，＿＿＿＿＿＿＿＿＿＿＿＿＿＿＿＿＿＿＿＿＿＿＿＿＿＿
20. 私は，＿＿＿＿＿＿＿＿＿＿＿＿＿＿＿＿＿＿＿＿＿＿＿＿＿＿

※星野（1989）を一部改変

私をあらわす 20 のことば

　20 個の文章をすらすらと書くことができたでしょうか。また，20 個を書くのにどのくらいの時間がかかったでしょうか。みなさんはこれまで長い年月，自分という人間と付き合ってきたと思いますが，その自分をあらわすことばを 20 個書いてくださいと言われると，なかなか書けないものです。このテストは 20 答法（Twenty-statements test）や WAI 法（What am I 法）と呼ばれるもので，クーンとマックパートランド（Kuhn & McPartland, 1954）によって開発されました。自分自身に対する意識や態度を探る一つの方法として知られているものです（星野, 1989）。

　まずは，自分の記述と他の人の記述とを比べてみることも興味深いでしょう。ただし，ごく個人的なことを書いている人もいますので，見せてもらう場合には，必ず相手の許可を得るようにしましょう。

20 答法にあらわれる自己意識，自己概念，自己評価

　自分自身に関するイメージが構造化され整理されたものを，心理学では自己概念（self-concept）と呼んでいます。その自己概念を回答者の自由な反応によってあらわそうとしたテストがこの 20 答法です。ざっと 20 個の記述を見るとわかるように，みなさん自身が考える「私」がまさにここにあらわれています。もちろん言葉にあらわすことができないものや，書き出すことに抵抗を感じて記述されなかったものもあるはずですので，ここに表現されたものは自己概念のすべてではありません。まずは自分がどのように自分自身を捉えているのか，それを見てほしいと思います。

　この 20 答法にあらわれるのは自己概念だけではありません。20 個の文章を書いている最中は，「私とはどんな人間なのか」を考え，一生懸命に自分へ意識を向けていたと思います。このような状態を，自己意識（self-consciousness）が高い状況であるといいますが，この自己意識の仕方もまた 20 答法にあらわれます。一般的に，自己意識は公的自己意識と私的自己意識に区別されます。公的自己意識とは，自分の外見（服装，髪型など）や自分の発したことばなど，他者に見える部分の自分に意識を向けることを指します。一方で，私的自己意識とは，自分の感情や考え，そして性格といった，他の人からは見えない部分の私に注意を向けるような自己意識のことをいいます。誰でもが自己意識が高くなるような，もしくは低くなるような状況というものがあります。また，総じて自己意識が高い人，低い人がいることも知られています。自己意識全般が高い人は，普段から自分のことに意識を向ける傾向にあるので，20 答法でも比較的容易にことばが浮かんできます。また公的自己意識，私的自己意識の程度によっては，自分をどのような視点で見て表現しがちな

のかが変わってきます。公的自己意識が高い傾向にある人は，人から見た自分（特に外見）に関する特徴に目を向けやすいですし，私的自己意識が高い人は自分の性格や気持ちなどの内面に目を向けやすいはずです。

　さらに，自分（自己概念）に意識を向ける（自己意識）際には，多くの場合に感情が伴います。自分に関する記述を書き進める上で，ほめられたときのことを思い出したり，逆に自分の失敗経験を思い出したりしたこともあったのではないでしょうか。20個の記述を見ると，「良い−悪い」という判断が明確にわかる記述がいくつか含まれているはずです。これは自己評価（self-evaluation）と呼ばれるものです。よく知られているものに自尊感情（self-esteem）ということばもあります。20答法からは，自分自身をどう評価しているのかという点を見て取ることも可能なのです。

結果の整理・解釈の方法

　では，具体的に20答法の結果を読み取ってみましょう。ここでは，以下の4つの観点による整理・解釈の方法について解説します。

①ポジティブな内容とネガティブな内容をカウントする

　まずは最もシンプルな整理方法です。それぞれの書かれた内容が肯定的（ポジティブ）な内容なのか，否定的（ネガティブ）な内容なのか，また，どちらとも言えないような中性的（ニュートラル）な内容なのかを考えてみましょう。それぞれポジティブなものには「＋」，ネガティブなものには「−」を付けてみるとどちらの数が多くなるでしょうか。人間は，この世界をありのままに認識しているわけではありません。必ずある程度の偏りがそこに存在します。楽観的な傾向のある人は成功した出来事をよく記憶に残しますし，自己評価があまり高くない人は自分自身の悪い側面ばかりに目が行きがちです。これはバイアス（bias）といわれますが，20個の記述のポジティブな内容，ネガティブな内容の数から自分自身の自己評価のバイアスを探ってみましょう。

②合意反応，非合意反応からローカス・スコアを得る

　20答法を分析する方法としてよく知られているのが，合意反応と非合意反応の分類です。合意反応には，本人以外の他者から見てもそれが事実だとわかる内容を書いている場合に該当します。たとえば，「私は学生だ」「私は女だ」「私は長男だ」といったものが合意反応です。その他に，年齢，通っている学校，所属クラス，家族兄弟の数，出身地，現住所などもこれに含まれます。一方で非合意反応とは，「私は幸せだ」「私は退屈している」「私は几帳面なところがある」など，それが事実であると他者が必ずしも確認できないような記述です。クーンとマックパートランドは，一般的には合意反応が先に記述される傾向にあり，その反応が出尽くした後に非合意反応が記述されやすくなることを指摘してい

ます。20個の記述のどのあたりで非合意反応に変わるのかによって，その人がどの程度自分自身を客観的に捉え，他者や社会の中での自分を意識しているのかがわかると考えられています。この非合意反応に変わる記述の番号（何番目以降か）が，ローカス・スコアと呼ばれるものです。最近の大学生を対象とした研究では，ローカス・スコアの平均はおおむね2から6の範囲内にあることが示されています。つまり，2番目から6番目のあたりで非合意反応に切り替わりやすいということになります。まずは合意反応だと思われる記述には「合」を，非合意反応だと思われる記述には「非」を書き添えてみましょう。その上で，自分自身の結果では，どこから非合意反応に変わるのかを確認し，平均と比べてみましょう。

③保育者になる上で長所となる部分を探す

養成校の入学試験で，「あなたはどのようなところが保育者に向いていると思いますか」と質問された記憶のある人もいるのではないでしょうか。また，自分に向いているかもしれない，自分にもできることがあるはずだと思ったからこそ保育者を目指した人も少なくはないはずです。では，今現在，あなたの持っている保育者としての資源は何でしょうか。特に非合意反応の中で，どのような自分の側面が保育者になる上での売りや武器になるのか，一度考えてみてください。これは解釈の仕方次第というところもあります。ぜひ向いている側面を前向きに探してみましょう。

④その他の解釈の視点

自己概念には，一人一人が重要視している生活の場面や，自分らしさの中核となる特徴，そして，自分自身に対する評価・感情があらわれがちです。たとえばこの20答法を，どの場面での自分を想像しながら回答したでしょうか。青年期以降になると，人は複数の生活領域に関わりながら生きていくことになります。家族の前での自分，大学での自分，アルバイト先での自分，高校時代の友人と一緒にいるときの自分など，さまざまなかかわりの中での自分を体験します。その中でどの役割が自分らしいのかを探るのが青年期の課題でもあります（役割実験）。自分について記述するという作業を通して，自分らしくふるまうことができる場所（居場所）を改めて発見することもあります。

さらに，メンタルヘルス（精神的健康）と関わりが深いものとして，認知的複雑性という考え方もあります。みなさんの20個の記述は，多くの側面や視点から書かれていて複雑でしょうか，それとも同じようなことで表現を変えて書かれているような単純な内容でしょうか。これは他の人の記述と比べてみるとわかりやすいと思います。一般的に複雑なほど（認知的複雑性が高いほど），つまり多面的に自分自身を捉えているほど，気分が落ち込みにくく，メンタルヘルス上，好ましいことが知られ

ています。逆に複雑性が低い場合には，一つの失敗経験によって自己評価全体が低下する傾向にあるので，メンタルヘルスが低くなりやすいといわれています。このような視点からも20答法の内容を見てみることができます。

就職の準備と自己概念の明確化

　保育者養成校の学生の就職活動中の自己概念の変化ついて，興味深い結果を得た研究があります。浦上（1996）は幼児教育学科と教養学科の短大生を対象に，就職活動を通した自己概念の変化や，それに対して就職活動への自信がどのように影響しているのかを検討しました。その結果，教養学科の短大生は，就職活動が進むほど，自己概念がより明確になり，職業に対する興味もはっきりとしてくるいっぽうで，幼児教育学科の短大生では，就職活動によって自己概念が明確化するというはっきりとした傾向が認められませんでした。

　確かに，保育者志望の学生たちは，職業が明確であるために，就職活動の段階では自己概念の整理や問い直しが行われにくいということはあるようです。自分が自分であるという感覚（アイデンティティ）を持つにいたる過程を分類したマーシャ（Marcia, 1967）は，あまり進路に悩むことなく，早い段階から打ち込むもの（ex. なりたい職業など）を絞り込んでいる青年たちがいることを指摘しています。これはフォークロージャー（早期完了型）と呼ばれます。多くの場合は親の職業であったり，価値観であったりを継承することで，自分は何者でどこへ向かうのかといった青年期の悩みをあまり経験しない青年群です。フォークロージャーは，経験的に保育者や看護師志望の学生に多いと考えられていますが，特徴として，早くから将来の資格取得や就職に向けて努力を重ねることができるという半面，信じている価値観が通じなくなったときに，ひどく混乱しやすいという傾向もあるようです。自分自身が何者か，今の段階で一度じっくりと考えてみることが必要かもしれません。

自分を省みることの重要性

　このような心理テストのようなものは心理学の授業などで多く取り入れられていますが，それほど自分を知ることは大事なのでしょうか。自分自身を意識し過ぎると普段の生活がぎこちなくなってしまうこともあるはずです。幸せに暮らそうと思えば，あまり自分のことを深く考えず，楽観的に生きていくことの方がよっぽど楽なはずです。内省する意味とは，どのようなところにあるのでしょうか。

　厚生労働省（2009）の「保育所における自己評価ガイドライン」や文部科学省（2008）の「幼稚園における学校評価ガイドライン」には，保育所，幼稚園が保育に関わる実践を自ら評価することの大切さ，そしてその具

体的な方法についてまとめられています。保育所に関わる前者のガイドラインでは，保育士が自らの保育の良さや課題を確認し，保育の質の向上に努め，実践の振り返りを職員間で共有した後に保育所保育指針や保育所の価値観と照らし合わせながら，改善を行うことが自己評価のプロセスとして示されています。また後者の幼稚園に関わるガイドラインでは，これを計画（Plan），実行（Do），評価（Check），改善（Action）の繰り返しによるものだとし，頭文字をとってPDCAサイクルと呼んでいます。このサイクルの中では，第三者による評価や学校に関係する人々（保護者や地域住民等）による評価を積極的に取り入れつつも，何より教職員が主体的に自らを評価することが求められています。

　自分を省みることなくして，保育の質は高められません。自分自身や自身の保育に目を向け，整理して明確にし，それを評価することで，課題が明らかとなります。今後，さまざまな場面で自分に目を向けるような機会を大事にしていって欲しいと思います。

応用ワーク

・今日一日の自分の行動を振り返り，良かった点，改善点を箇条書きで書き出してみよう。特に，良かった点を改善点よりたくさん書き出してみよう。

　解説で述べた通り，保育者には自身や子どもたちの様子を振り返り，次の実践に生かすことが求められています。日々の生活でも振り返り，それを言葉にすることを心がけてみましょう。また，人間は時に否定的な側面ばかりに目を向けやすくなることもよく知られています。これもひとつのバイアス（認知の偏り）であり，ネガティビティ・バイアスなどと呼ばれています。今回はできるだけ，反省すべき点や改善点よりも多く，良かった点を挙げられるように，一日の振り返りをしてみましょう。

・一般的に，社会人として働くにはどのような能力，特性が必要だと考えられているのか，インターネット等で調べてみよう。またそれに対して自分自身はどうであるのか，考えてみよう。

　保育者という言葉は，職業を指す名称としてよく用いられます。保育者になるということは，社会人として他の大人たちの中で働くということでもあります。特定の職種に限らず，社会人として必要とされる能力や特性については，書籍やインターネットなどで紹介されています。最近の新入社員がどうであるかを述べたものや，就職に向けてどのような準備をする必要があるのかなどについて，複数の情報源を参照して情報を集めてみましょう。

Work 6-2　保育に関する自信─保育者効力感

あなたは，領域「人間関係」にかかわる次の1～25までを行うことに対して，どの程度の自信（できそうだという気持ち）がありますか。右欄の「全く自信がない（1）」から「非常に自信がある（7）」までの選択肢より，自分に最も当てはまる数字を選び，各回答欄に記入してください。

全く自信がない	1
かなり自信がない	2
やや自信がない	3
どちらともいえない	4
やや自信がある	5
かなり自信がある	6
非常に自信がある	7

回答欄

設問01	信頼される存在として子どものそばにいること	(　　)
設問02	子どもの人間関係の発達に応じてかかわること	(　　)
設問03	けんかや葛藤を経ながらも，子ども同士で解決できるように援助すること	(　　)
設問04	子どもが生活上のルールを知ることができるように保育すること	(　　)
設問05	地域のお年寄りなど身近な人に感謝の気持ちがもてるよう実践すること	(　　)
設問06	子どもにとって心のより所になること	(　　)
設問07	子どもの人間関係の育ちに即して，環境を構成すること	(　　)
設問08	自己主張や反抗も自我の育ちと捉えて適切に対応すること	(　　)
設問09	社会生活上の習慣や態度を子どもが身につけていけるよう援助すること	(　　)
設問10	子どもが地域の人々など自分の生活に関係のある人に親しみをもてるよう援助すること	(　　)
設問11	子どもとの安定した関係を築くこと	(　　)
設問12	子どもの人間関係の発達について，見通しをもって援助すること	(　　)
設問13	子どもが他の子どもの発言や気持ちを受け入れられるよう援助すること	(　　)
設問14	きまりや約束の大切さに気付き，守ろうとする態度が育つ保育をすること	(　　)
設問15	特別な支援を要する子どもも含めたクラスの豊かな関係をつくること	(　　)
設問16	子ども一人一人をありのままに受容すること	(　　)
設問17	保育の展開と人間関係の育ちを結び付けて捉えること	(　　)
設問18	園生活の中で，必要な道徳性を身につけるように保育すること	(　　)
設問19	子どもがよいことや悪いことがあることに気付き，行動できるよう実践すること	(　　)
設問20	外国の人などの文化の違いに気付き，尊重する心が育つよう保育すること	(　　)
設問21	子どもの自我（思い，言い分）を大切にすること	(　　)
設問22	子どもの人間関係の育ちについて専門的な知識を生かすこと	(　　)
設問23	子どもが友達とかかわることで充実感や満足感を味わえるような保育をすること	(　　)
設問24	園生活の中で子どもの自立心を育むこと	(　　)
設問25	子どもが様々な人と触れ合いながら人間関係を広げていけるよう援助すること	(　　)

結果の集計：該当する設問で回答した数字を合計します。

「人とかかわる基盤をつくる」効力感 ＝　　　設問01 ＋ 設問06 ＋ 設問11 ＋ 設問16 ＋ 設問21 ＝ (　　)

「発達的視点で子どもを捉えかかわる」効力感 ＝ 設問02 ＋ 設問07 ＋ 設問12 ＋ 設問17 ＋ 設問22 ＝ (　　)

「子ども同士の関係を育てる」効力感 ＝　　　設問03 ＋ 設問08 ＋ 設問13 ＋ 設問18 ＋ 設問23 ＝ (　　)

「基本的な生活習慣・態度を育てる」効力感 ＝　設問04 ＋ 設問09 ＋ 設問14 ＋ 設問19 ＋ 設問24 ＝ (　　)

「関係性の広がりを支える」効力感 ＝　　　　設問05 ＋ 設問10 ＋ 設問15 ＋ 設問20 ＋ 設問25 ＝ (　　)

保育者効力感

　心理学の研究では，しばしばこういった尺度と呼ばれるものを用いて，その人の心理的な傾向を探ります。このワークで取り上げた尺度は，幼児の人と関わる力を育む上での保育者効力感を測定するもので，多次元「人間関係」保育者効力感尺度（西山, 2006；西山, 2009）と呼ばれるものです。保育者効力感とは，簡単にいえば，保育者としての自信です。一般的に，人が行動を起こすときには，二つのことが期待されていると考えられています（Bandura, 1977）。ある行動が自分に実行できると思うこと（効力期待），そしてその行動を実行した場合に望んだ結果が得られると期待すること（結果期待）の二つです。前者の，自分が行動を行うことができるという信念が，自己効力感の中核となるものです。保育者効力感とは，保育の場面における自己効力感を指しています。厳密には「保育場面において子どもの発達に望ましい変化をもたらすことができるであろう保育的行為をとることができる信念」（三木・桜井, 1998）と定義されています。

　ところで，自己効力感は，ある場面での行動を生じさせるだけでなく，その人の人生設計や進路選択など，より長期的にも影響することが知られています。保育者効力感は保育者としての自己効力感ですので，日々の子どもたちとの関わり方だけでなく，どのような保育者として成長するのかという点についても大いに影響するものだと考えてよいでしょう。つまり，保育者効力感とは，保育を行うことの自信でもあり，保育者としてやっていく自信でもあります。

「人間関係」の育ちに関わる5つの効力感

　多次元「人間関係」保育者効力感尺度は，5つの側面を測定しています。それぞれの側面を見てみましょう。第一は「人とかかわる基盤をつくる」効力感です。これは保育者が子どもとの間に信頼関係を築くことについての自信を示しています。特に乳児クラスの子どもたちは，同年齢や異年齢の子どもたちとの関係を，保育者を起点に広げていくことが多く，まさに保育者との関係が基盤となります。第二は「発達的視点で子どもを捉えかかわる」効力感です。これは，質問に「発達」や「育ち」という言葉が含まれている点が特徴で，人間関係に関わる子どもの発達を意識しながら子どもたちと関わることができるかどうかについての自信です。第三が「子ども同士の関係を育てる」効力感です。子どもが他の子どもたちとの良好な人間関係を形成する上で，適切な援助ができるかどうかについての自信です。子ども同士のケンカの仲裁の得手不得手などはこの効力感に関係するものでしょう。そして第四が「基本的な生活習慣・態度を育てる」効力感です。集団で生活する上でのきまり事を理解できるよう，また，善悪の判断が行えるように支援していくことに

表 6-1　多次元「人間関係」保育者効力感尺度の平均値 (西山 (2006) をもとに作成)

	大学1年生の平均値	大学2年生の平均値
「人とかかわる基盤をつくる」効力感	23.58	24.89
「発達的視点で子どもを捉えかかわる」効力感	20.04	20.79
「子ども同士の関係を育てる」効力感	21.77	22.95
「基本的な生活習慣・態度を育てる」効力感	23.05	23.41
「関係性の広がりを支える」効力感	22.06	22.13

ついての自信をあらわしています。最後の五番目の効力感は「関係性の広がりを支える」効力感です。地域のお年寄り，特別な支援を要する子ども，外国の人など，さまざまな人たちとの人間関係を広げていくようなかかわりができるかどうか，という点の効力感になります。

それぞれ5つの効力感の大学1年生，2年生の平均値（西山，2006）を示したものが表6-1です。自分自身の得点と比較して，特に平均値との差が大きい側面について注目してみましょう。どの側面で自信があり，またどの側面で自信がないのか，一度整理をしてみましょう。

保育者としての自信は実習前後で変化するのか

養成校に在籍する学生の保育者効力感に大きな影響力を持つと考えられているのが，保育所実習や幼稚園教育実習での経験です。これから実習を経験する人はこの一大行事に不安を感じていることと思います。また，すでに実習を終えた人の中には，実習での経験を通して保育者としての自信を得た人もいれば，自分が保育者に向いているのかわからなくなった人もいるのではないでしょうか。

一般的には，実習を経験すると保育者としての自信はつくのでしょうか。これまでの研究では，実習後に保育者効力感が上がる学生が多いことを報告した研究もあれば，むしろ低下することを示した研究もあり，実習を通してどのように保育者効力感が変化するのかは，一概にはいえないようです。このような一貫した結果が得られていないのは，実習のタイミングや実習内容が養成校や実習先によってさまざまに異なること，ボランティアの実習以外の活動もまた保育者効力感に影響を与えていることが背景にあるためだと考えられます（神谷，2009）。さらには，実習に向けて十分な準備を行ったかどうかという本人の問題もあります。ワーク6の冒頭で述べた通り，実習でミスをしないような学生であれば，実習に行く必要はありません。実習には失敗をしに行きます。ただしその失敗の「質」が問題となります。準備不足で臨んだ実習では，うまくいかなかったことははっきりしますが，なぜうまくいかなかったのかについて何の情報も得られません。十分な保育の知識を蓄え，手遊びや絵本・紙芝居の読み聞かせなどの基礎的な技能のトレーニングを積んで臨

んだ実習であれば，失敗や成功から自分自身の課題がはっきりと見えてきます。このような経験を重ねることで初めて，「何となくできるような気がする」といった楽観的でぼんやりとした保育者効力感ではなく，具体的で実感が伴った保育者効力感を持つことができるのです。

ベテランの保育者は自信満々？

では，経験を積めば次第に自信がつき，あとは保育者効力感が上昇していくばかりなのでしょうか。香曽我部（2013）は，経験年数30年以上で所長もしくは副所長の職位にあるベテラン保育者を対象にインタビュー調査を行っています。インタビューを受けたのは，過疎化や少子化が急激に進む地域で保育を続けてきた保育者たちでした。この調査では，保育者効力感がこれまでどう変化してきたのかについて，対象者に図示するように求めています。これはライフラインと呼ばれます。分析の結果，社会の要請や制度が変化する中でベテラン保育者たちがいかに自己形成・自己変容を求められ，それに適応してきたかが明らかになっています。図6-1は，ある保育者が描いた保育者効力感の変化の様子です。この保育者は自分にとっての転機が度々あったことを報告していますが，その前後で，保育者効力感が低くなっていることがわかります。香曽我部（2013）は，ベテラン保育者たちが状況の変化に適応できたのは，問題を認識し，それをもとに保育の実践を省み，その後の展望を行うという「問題認識－査察－展望」の繰り返しがあったためであると考察しています。

成長とは，自分の持っている資源（自分の能力や助けてくれる友人など）だけでは，直面した問題を乗り越えることができない場合に起こる

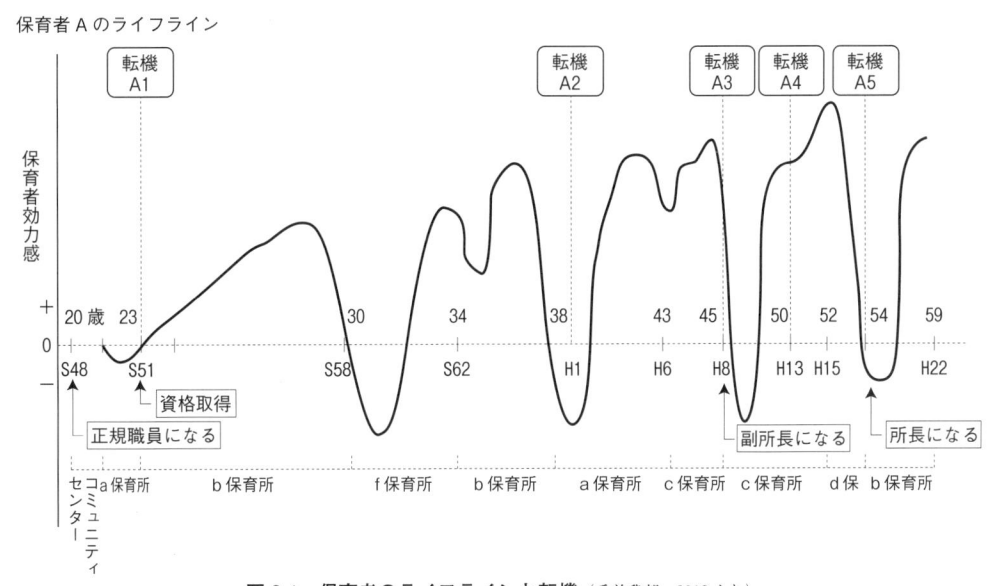

図6-1　保育者のライフラインと転機（香曽我部, 2013より）

ものだと考えられています。ベテラン保育者であってもそれは同様であり，ときには保育者効力感が急激に低下し，苦悩しながら，新たな保育者像と保育の展望を描き，成長していくことになるのでしょう。

保育者効力感を高めるために
　「もっと自信を持ちましょう！」と人から言われたからといって，すぐに自信はわいてこないでしょう。自己効力感はそう簡単に高まるものではありません。ましてやみなさんにとって，社会人として，そして仕事として保育に関わる経験はまだまだこれからです。自分の保育や保育者になることに自信がないのが当然でしょう。これまでも，そしてこれからもいろいろな経験を通して少しずつ保育者効力感を積み上げていくことになります。
　では，保育者効力感を高めるために大事なことは何でしょうか。バンデューラ（Bandura, 1977）は自己効力感を高める4つの情報源というものを挙げています（①遂行行動の達成，②代理的経験，③言語的説得，④情動喚起）。まず，①遂行行動の達成は，自ら成し遂げていくことを積み重ねて自己効力感を高めることができるということを示しています。保育者として，自分の行動が子どもたちの発達にプラスに働いたという実感の積み重ねが保育者効力感を高めることにつながります。②の代理的経験は，他者の行動を観察することを指します。保育所実習や幼稚園教育実習は，ほとんどが観察実習から始まります。現職の保育者の動きや子どもとの関わり方をよく観察し，自分にできそうなことは積極的にチャレンジしてみることが大切です。③の言語的説得は，他者からのアドバイスやはげましなどを指します。実習では，反省会や日誌のコメント欄などで，現職の保育者から意見をもらうことができますが，それらのことばを自分の自信につなげていきましょう。また，普段の生活の場でも，周囲には自分をほめてくれる人，改善点を示唆してくれる人が必ずいます。自分の良い点，改善点の両方にバランス良く耳を傾けることを常に忘れないようにすることも大切です。④の情動喚起ですが，これは自分自身の感情を冷静に受け止めること，リラックスすることなどからなります。子どもたちや他の保育者とのかかわりとそこで感じた気持ちを整理することが次への自信につながるわけです。
　以上の4つの情報源をもとに，保育者効力感を高めるために必要なことを考えてみると，自分自身が積極的に子どもと関わりその成功例を頭にとどめておくこと（①），他人の保育をよく観察し，自分でも行えることを探すこと（②），自分の長所を積極的に認めること（③），自分の感情に目を向け，緊張していても普段の実力が出せるようなトレーニングを積むこと（④）が大事ということになります。

応用ワーク

・自分が保育者となって子どもたちの発達に力添えできることは何か。自分だからこそできる子どもたちとのかかわりとはどんなことか。これらを考えてみよう。

　保育者効力感について整理した結果を参考にして，自分だからこそできることは何かを考えてみましょう。もちろん，保育者のタマゴであれば未熟な部分ばかりかもしれません。しかし，できないことがたくさんあることに目を向けるのではなく，できることが少しでもあることを意識してみてください。きっと自分らしい保育のヒントになるはずです。また，友達とお互いに，その人らしい保育の仕方とはどういうものかを話し合ってみることも，大いに参考になるでしょう。

・20年後，自分がどのような保育者になっているのか，想像してみよう。

　20年後も保育者を続けているとすれば，あなたはどのような保育者になっているでしょうか。40歳前後ともなると，職場では中堅です。子どもたちとの関わり方はどう変化しているか，保護者とどのように向き合っているのか，同僚たちとの関係はどうか，といった点からも考えてみましょう。また，もしも結婚しているとしたら，親の介護をしているとしたら，どのような働き方をしているでしょうか。思い通りにならない，予定通りにならないのが人生でもあります。保育者を選択した人生に起こる様々な可能性を一度考えてみましょう。また，皆さんだけでなく保育を取り巻く環境も変化しているはずです。子どもたちや保護者はどのように変わっているのでしょうか。あわせて考えてみてください。

落ち着くんですわ，ココが。

コラム6
男性のワーク・ライフ・バランス——「毎日送り迎えするお父さん」へのことばがけをジェンダーの視点から考える

　近年，共働き世帯が増え続けています。夫が雇用者の場合，2013年において共働き世帯が1,065万世帯，専業主婦世帯が745万世帯となっており，共働き世帯が多数派となっています。経済状況は厳しく，若年層で非正規雇用が増えています。今後も共働き世帯が増えていくでしょう。

　共働き世帯の増加に加え，親と同居する世帯が減少しています。以上の状況から，共働きをしながら，かつ親族の支援が得られない夫婦が増えています。こうした状況になり，男性が育児や家事に関わることが理念的のみならず現実的に必要となってきました。

　研究の世界でもこの点が注目され，男性の家事や育児に関わる時間が増える条件を探究する研究が主に家族社会学という分野で行われています。そこでの発見の1つは労働時間が短いほど，男性は家事や育児を行うというものです。このシンプルな知見は労働政策のあるべき姿を考える上で重要ですが，男性が家事や育児を行うメカニズムにはより複雑なものもあるはずです。

　こうした問題意識のもと行われた研究で，男性が働く職場環境が家族支援的であり，かつ男性自身が平等的な性別役割意識を持っている場合に，男性の育児時間が上昇することが報告されています（末盛，2010）。つまり，男性の職場環境が家族支援的なものであっても，男性自身が「男性は仕事，女性は家庭」と考えていると，男性の育児時間は上昇しないのです。

　それでは男性の性別役割意識とはどのように形成されていくのでしょうか。生育環境もあると思いますが，社会学では何気ない日々の相互作用により人々の性別役割意識は構築され，かつ書き変えられていくと考えます（Butler, 1989）。

　その意味では，子育て期の男性に対して保育士がどのような言葉がけをするかということも，男性の性別役割意識の形成にとって重要なファクターになります。専門職である保育士が，伝統的な性別役割意識に基づいた言葉がけを思わず口にしていないか。慎重に考えてみる必要があります。

　女性だから子育て，男性だから仕事をするという発想は正しいのでしょうか。社会学では，こうした考え方は近代以降に誕生したものであり，普遍的なものではないといいます（落合，2004）。男女の役割については幅広い観点から考えてみる必要があるでしょう。

　最近，保育所や幼稚園で送り迎えするお父さんも増えてきたように感じます。たとえば，あなたが保育士だとして，「毎日送り迎えするお父さん」に対して，どのような言葉がけをするとジェンダーの視点からみて問題でしょうか。

　もう1つ事例を出しておきましょう。たとえば，保育所内の職員会議で「最近はお母さんみたいなお父さんが増えている。お父さんはお父さんらしくしてほしい」という発言が出たとします。あなたはこの発言をどう考え，この発言にどのように返答していくでしょうか。

　この2つの事例をジェンダーの視点で議論していけば，「多様な生き方を寛容に受け入れていく社会」に私たちは一歩ずつ近づいていくでしょう。

Work 7
保育を取り巻く現代の課題

　保育の現場では，不自然な傷がある，固い表情をして登園してくる，気持ちが荒れていると感じるなど，いつもとは違う子どもの姿が気になる場面に出会うことがあります。保育者には，こうした子どもの変化に敏感に気づく感性が求められます。マンガに示したものは，あくまでも一例ですが，こうした児童虐待の現状や保護者の対応について考えてみましょう。

　男の子（2歳児）の母親は，実父から虐待を受けて育ってきました。出産直後から，精神科病院に入退院を繰り返し，男の子は父方の祖父母に預けられました。母親は，出産直後は自分が育てることに自信が持てなかったものの，2歳児になった時点で，主治医からの勧めもあり，保育所に預けました。母親の気分にはまだ波があります。父親は，母親の状態を理解しています。

　ある日の朝，この男の子を保育所に送ってきた母親は，能面のような固い表情をしていて，男の子をおいて逃げるように帰りました。母親が帰った後，男の子は，すれ違った友達をなぎ倒したり，友達の作ったブロックを蹴り倒したりと，男の子に暴力を振るわれて泣きだす子が続出しました。担任の保育士は，男の子を抱き寄せ，「どうしたの？」と聞きました。「あのね，あのね……怖かったよぉ〜真っ暗だったよ」と話し始めました。男の子の左目の下には，何かをぶつけたような擦り傷がありました。昨夜，母親のお手伝いをして，食卓にお皿を並べていると，母親が突然怒りだして叩いたようです。目の下の傷は，叩かれた時に，母親の指輪が当たったといいました。父親が帰宅し，男の子が泣いているわけを聞いて母親を叱ったそうです。その後，両親は喧嘩になり母親が家を飛び出し，父親が追いかけ，家に取り残された男の子は一人ぼっちになり，暗くてさみしかったと語りました。

Work 7-1　児童虐待

1）親から叩かれたり，否定のことばを浴びせられるなど，児童虐待が，子どもにどのような影響を与えるかを考えてみましょう。
2）保護者・子どもの両面から，必要な支援について考えてみましょう。
3）その上で，保育者が【できること】・【できないこと】に分けて考え整理してみましょう。

児童虐待の増加と保育所の施策の動向

　児童相談所に寄せられた児童虐待の相談件数は，平成25年度で73,765件（速報値）で，統計を取り始めた平成2年から一貫して増加し続けています（図7-1）。

　子どもの生命が奪われるなど重大な児童虐待事件も後を絶たず，児童虐待は依然として社会全体で早急に取り組むべき重要な課題となっています。

　こうした現状の中，平成16年度改正された「児童虐待の防止等に関する法律の一部を改正する法律」第6条第1項では，児童虐待を受けたと思われる児童を発見した者は，速やかに，これを市町村，児童相談所等に通告しなければならないと規定しています。

　また，同法第5条第1項により，特に，学校やその教職員，児童福祉施設やその職員，病院や医師等児童の福祉に業務上関係のある団体や関係者は，児童虐待を発見しやすい立場にあることを自覚し，児童虐待の早期発見に努めなければならないとしています。

　平成16年8月，厚生労働省は，地方自治法（平成22年）の第245条

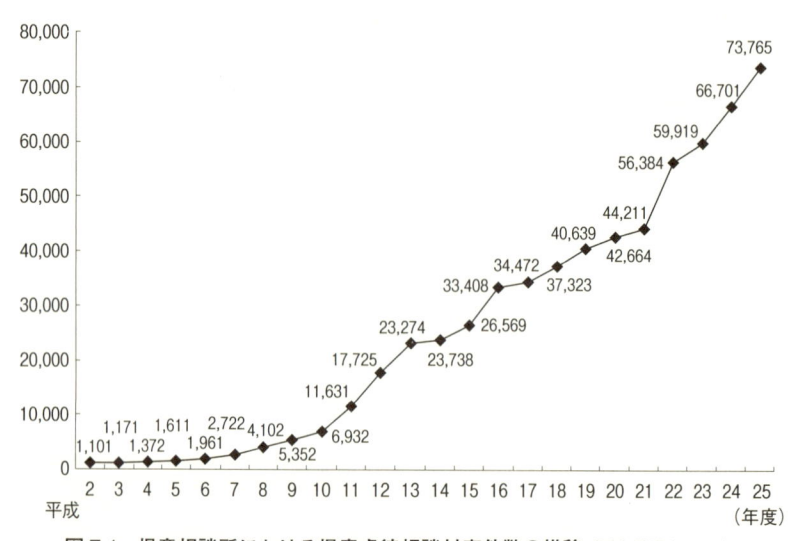

図7-1　児童相談所における児童虐待相談対応件数の推移（厚生労働省, 2014）

の4第1項の規定に基づく技術的助言として，児童虐待の防止に寄与するため，特別の支援を要する家庭の保育所の入所を優先的に取り扱う通達を出しています。

　厚生労働省が定めた「保育所保育指針」（平成20年厚生労働省告示第141号）においては，保育所は児童の心身の状態等を観察し，虐待が疑われる場合には，速やかに市町村又は児童相談所に通告し，適切な対応を図ることとしています。加えて，不適切な養育に関する早期把握，要保護児童対策地域協議会など地域の専門機関との連携にも言及しています。

　平成24年8月に成立した「子ども・子育て支援法」では，障害，疾病，虐待，貧困など社会的な支援の必要性が高い子どもやその家族を含め，すべての子どもや子育て家庭を対象とし，一人一人の子どもの健やかな育ちを等しく，「子どもの最善の利益」が実現される社会を目指すとしています。

　保育所の入所要件として，これまでの「保育に欠ける」から，「保育の必要性の認定」として，就労，妊娠・出産，保護者の疾病・障害，同居親族等の介護・看護，災害復旧などに加え，虐待やDVのおそれがあることが加わりました。

子どもを守る地域のネットワーク

　「要保護児童対策地域協議会」は，児童福祉法の改正により，平成17年4月より，各市町村に設置が法定化された協議会です。児童虐待を受けた子どもをはじめとする要保護児童の早期発見や保護を図るため，地域の関係機関や民間団体等が情報や考え方を共有し，適切な連携のもとで援助していくためのネットワークをいいます（図7-2）。

　保育所も，この協議会の一員になることにより，要保護児童の検討会議に出席し，関係機関との役割分担の中で，子どもや子育て支援をしていくことが期待されています。

保育士に求められる児童虐待への対応

　保育所は，虐待への取り組みにおいてたいへん重要な位置を占めています。虐待が疑われる子どもが，保育所に日々通うことで，子どもは安心感を持つことができ，保護者は緊張したり，イライラしたりしないですむ時間を持つことができ，親子の間が煮詰まらないですみます。保育活動そのものが子どもに発達支援となることはいうまでもないでしょう。保育所の給食も，子どもによっては，一日の栄養のバランスの上で最も重要な食事となることもあります。また，子どもが日々通ってくるので，子どもや保護者の状況を把握できやすく，その経過，特に悪化や再発を発見しやすいのです。「保育所保育指針第5章　健康及び安全」（表7-1）

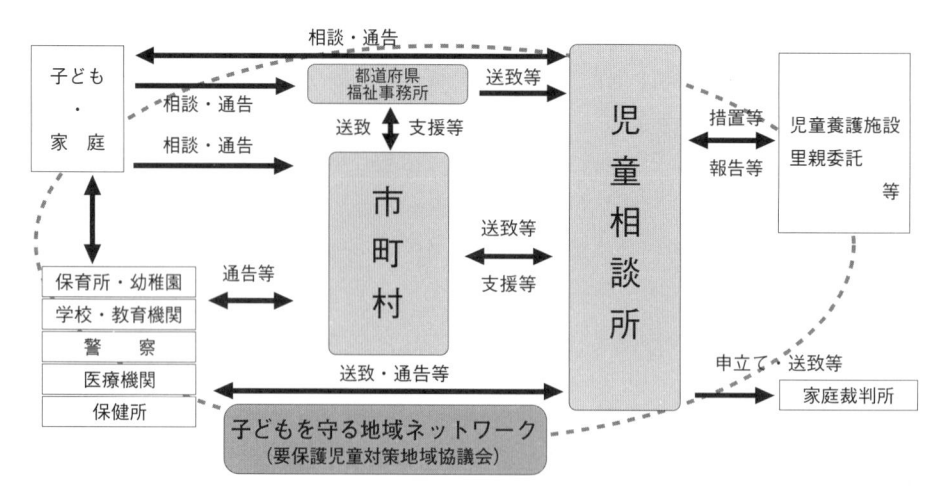

図7-2 地域における児童虐待防止のシステム（厚生労働省, 2010）

表7-1 保育所保育指針第5章（厚生労働省, 2008）

第5章 健康及び安全
　子どもの健康及び安全は，子どもの生命の保持と健やかな生活の基本であり，保育所においては，一人一人の子どもの健康の保持及び増進並びに安全の確保とともに，保育所の子ども集団全体の健康及び安全の確保に努めなければならない。また，子どもが，自らの体や健康に関心をもち，心身の機能を高めていくことが大切である。このため，保育所は，第1章（総則），第3章（保育の内容）等の関連する事項に留意し，次に示す事項を踏まえ，保育しなければならない。
1　子どもの健康支援
（1）子どもの健康状態並びに発育及び発達状態の把握
　ア　子どもの心身の状態に応じて保育するために，子どもの健康状態並びに発育及び発育及び発達状態について，定期的，継続的に，また，必要に応じて随時，把握すること。
　イ　保護者からの情報とともに，登所時及び保育中を通じて子どもの状態を観察し，何らかの疾病が疑われる状態や障害が認められた場合には，保護者に連絡するとともに，嘱託医と相談するなど適切な対応を図ること。
　ウ　子どもの心身の状態等を観察し，不適切な養育の兆候が見られる場合には，市町村や関係機関と連携し，児童福祉法第25条の2第1項に規定する要保護児童対策地域協議会で検討するなど適切な対応を図ること。
　また，虐待が疑われる場合には，速やかに市町村又は児童相談所に通告し，適切な対応を図ること。

で，保育士に求められる対応について掲げています（厚生労働省, 2008）。

　マンガに示した男の子の例も参考にしてみると，保育士に求められる児童虐待への対応は，以下のようなポイントがあげられるでしょう。

①子どもの言葉に耳を傾け，言動の背景を理解する

　担任は，登所時に，いつもとは違ういらだったマンガの男の子の様子や，拒否的で，声をかけずに帰るお母さんの表情を，能面のようだと捉えています。お母さんが帰った後，心の中の怒りを発散するように，友人に暴力を振るうこの男の子に対し，「友達を攻撃する悪い子」という見方をせず，話を聴こうとしています。なぜ男の子があたりかまわず暴力を振るうのか，その行動の背景を理解しようとしたのです。また，左目の下にある何かをぶつけたような擦り傷も見逃していません。

　担任に聴かれたことで，男の子はつたない言葉ですが，必死になって昨日あった出来事を話そうとしています。担任は，その言葉をつなぎ合わせながら状況を整理し，男の子の気持ちを理解し受け止めるようにし

ています。
　その後担任は，男の子を落ち着かせるよう，職員室に連れて行きました。施設長は，男の子が訴えた内容を再度確認しながら，「ママから叩かれたときどんな気持ちになるの？」「嫌な気持ち」「何もしていないのに叩かれたお友達はどんな気持ちになったのだろう？」「嫌な気持ち」「そうだね。何も悪いことしていないのに叩かれるのは悲しいし，嫌な気持ちになるよね」というやりとりを行いました。やがて男の子は，自分が嫌だと思っていることをお友だちにやってしまった自分を振り返り，「お友だちにごめんねって言う」と言いました。

　虐待を受けた子どもは，しばしば攻撃的な言動をとったり，おどおどしていて関係が持ちにくかったり，なれなれしく寄ってきたりします。子どもどうしのトラブルも生じやすいです。また，マンガに示した男の子と同じように，「自分は悪い子だから叩かれる」「いらない子だから拒否される」と自己評価を低くし，発覚することを恐れ，本当のことを言わない場合もあります。保育士は，行動面に目が向き，「困った子ども」という理解になりがちで，イライラし，叱ってしまう場合も少なくありません。しかし，男の子の担任がしたように，なぜこういう行動をするのだろうかという見方が大切であり，子どもは，聴こうとしてくれている大人に対しては心を開き，自分の気持ちを言語化できるようになっていくことを忘れないようにしたいものです。
　さまざまな暴力により，理不尽な思いをした怒り・悲しみの感情を，まわりに当たり散らす暴力という形（行動化）ではなく，言葉で表現できることは，子どもが自分を形成していく上で，とても重要なことです。
②保護者の思いに耳を傾け，寄り添い支え，内省化を進める
　虐待への対応においてもう一つ保育所での重要な役割は，虐待の予防です。これは「子育て支援」とも重なりますが，子育て支援が虐待予防の重要な対策であるといえます。保護者（特に母親）の孤立を防ぎ，子どもとゆとりを持って，楽しく過ごす時間を持つこと，保護者のささいな悩み，心配の相談に応ずることが大事です。
　保護者が，自分自身を振り返り，「どうしてこんなに息苦しいのだろうか」「自分が過去に味わった辛い思いを我が子にはさせない親になりたい」と内省化を進めていけるような支援を行うことは，虐待発生の予防的機能も可能にしていきます。
　子どものことを話したがらない，子どもに対して拒否的な態度を示す，叱りすぎ，理由のない欠席や早退，不規則な登所時間など，気になる親や家族の状態が見受けられる場合もあります。叩いて青いアザがのこっているときは休ませたりして，再発の発見が遅れてしまった例もありますので，理由のない欠席や登所時刻が不規則なことに対しても，充分に

気を配りたいものです。

こうした気になる保護者の言動の背景には、幼い頃の被虐待体験がある場合が少なくありません。自己評価が低いために、「よくない親だと指摘されることを恐れる」心理があることも理解し、対応する上で配慮すべきでしょう。

保護者と子どもの両面からの支援は、一人でできるものではありません。事例のように、担任と施設長など、全職員の役割分担が不可欠です。保育所内でできること、できないことを明らかにしながら、対応マニュアルを作り、共通認識のもとで、組織的に対応することが必要です。

③観察したことを記録化し、ネットワークにつなぐ

一人一人の子どもを援助していくためには、子どもの心身の状態、情緒面や行動、養育の状態などについて、定期的にまた随時、把握することがきわめて重要です。保育所保育指針第5章では、子どもの健康状態ならびに発育および発達状態の把握の方法を記載しています。

切り傷、皮下出血、骨折、火傷など、不自然な傷の把握は、プールや水遊びの着替えなど、日々の保育の中や、定期的な身体測定や健康診断などで確認できます。特に、「朝の視診」は、とても大きな意味を持ちます。また、不適切な養育環境のもとでは、身長・体重の増えが悪い場合もありますので、留意しましょう。

不潔な服装や体、歯磨きをしていない、予防接種や医療を受けていない等、育児放棄やネグレクト状態におかれている子どももいます。虫歯がとても多いことも見逃せないサインです。今は、親の宗教的な理由を背景にして、医療拒否につながっている場合も見受けられます。こうした気になる子どもの行動を理解するために、カンファレンスや研修、関係機関との連携が不可欠といえます。

その際に必要になるものが「記録」です。ありのままの事実を記録に残すということです。この記録をもとに、園内または関係機関の間で、危機状況を確認し、支援の方向性を共有していきます。子どもがけがをしてきた場合は、絵に描いたり、写真を撮るという方法も有効な記録になります。

保育所で、虐待が疑われる場合や気になるケースを発見したときには、保育所のみで抱え込まず、正確な記録をもとに、ありのままの事実を、ネットワークにつなぐことが必要です。児童虐待の防止等に関する法律が規定する虐待に関する通告義務は、保育所や保育士にも課せられています。このような場合は、児童相談所や関係機関との連携、協力が求められます。

児童虐待への対応は、その家族の持つニーズを総合的に理解し、家族や親族をはじめ、保健・医療・福祉・教育等、幅広い機関や施設が連携して支援していくことが求められます。保育所の職員間でつくる対応マ

ニュアルを活用するとともに、要保護児童対策地域協議会との関係も深め、参画することが求められます。

今後の課題について

　児童虐待の対応には、ソーシャルワーク（社会福祉の援助技術）の機能が必要となります。特に、間接援助技術の一つである「ケアマネジメント」が有効です。ケアマネジメントは、アセスメント（事前評価）、援助計画の立案と実施、モニタリング（見守り）、終結のプロセスをたどります。子育てに不安を持つ保護者が、地域ネットワークの社会資源を活用し、よりよく生きられるのを側面から支援することを目的としています。

　これからの保育士の専門性として、保護者の受容、自己決定の尊重、個人情報の保護など、ソーシャルワークの原理（態度）、知識、技術の理解が必要になります。また、なによりも重要なのは、個々の家庭が持つニーズを、総合的に把握するアセスメントの力です。

　そのためには、保護者との自然なやりとりの中で、保護者の生育歴、子どもへの思い、夫婦や親族、地域との関係、怒りのコントロールの方法、しつけに対する考え方等、幅広い角度から情報収集することができるスキルを磨くことが求められています（子育て支援を考える会TOKOTOKO, 2013）。

●●●　**応用ワーク**　●●●●●●●●●●●●●●●●●●●●●●●●●●●●●●●

　児童虐待で幼い子どもたちが命を落とす事件が、連日のように報道されています。なぜこうした悲惨な事件が発生するのでしょうか。

　新聞記事や、関連する書物による学習、症例検討などを通して、その背景やメカニズム、死亡に至った要因など、児童虐待防止に関する理解を深め、援助スキルを修得する学習を進めましょう。

　また、近年では、児童虐待の早期発見のために、母子保健と子育て支援部局が連携し、妊娠・出産直後からの予防的活動が広がりをみています。

　児童虐待を予防するためには、どのような親支援を進めていけばよいのでしょうか。どのような取り組みがあるのか、予防的ネットワークづくりについても学習を進めていってください。

Work 7-2　保護者

> 1）あなた方が結婚して家庭を持ち，親になったときに，どのようなことに子育ての悩みや不安を持つでしょうか。
> 2）どのように地域の子育て支援があると，その不安が軽減されるのでしょうか。
> グループで話し合ってみましょう。

保護者が持つ子育ての悩みと子育て支援

図7-4は，0～3歳児を持つ未就園の保護者を対象にしたアンケートの結果です。食事や栄養，病気など，子どもの発育・発達に関すること，しつけや教育，接し方がわからないという悩みが上位を占め，その悩みは広範囲にわたっています。中でも，「子どもを叱りすぎているような気がする」が第一位になっていることは，児童虐待につながるリスクが懸念されるため，とても気になる結果です。

いっぽうで，仕事や自分のやりたいことが十分にできない，子どもと接する時間がとれない，夫が子育てに協力的ではない，友達づきあいに難しさを感じる等，子育てに対する負担感や孤立感がうかがえるものも，

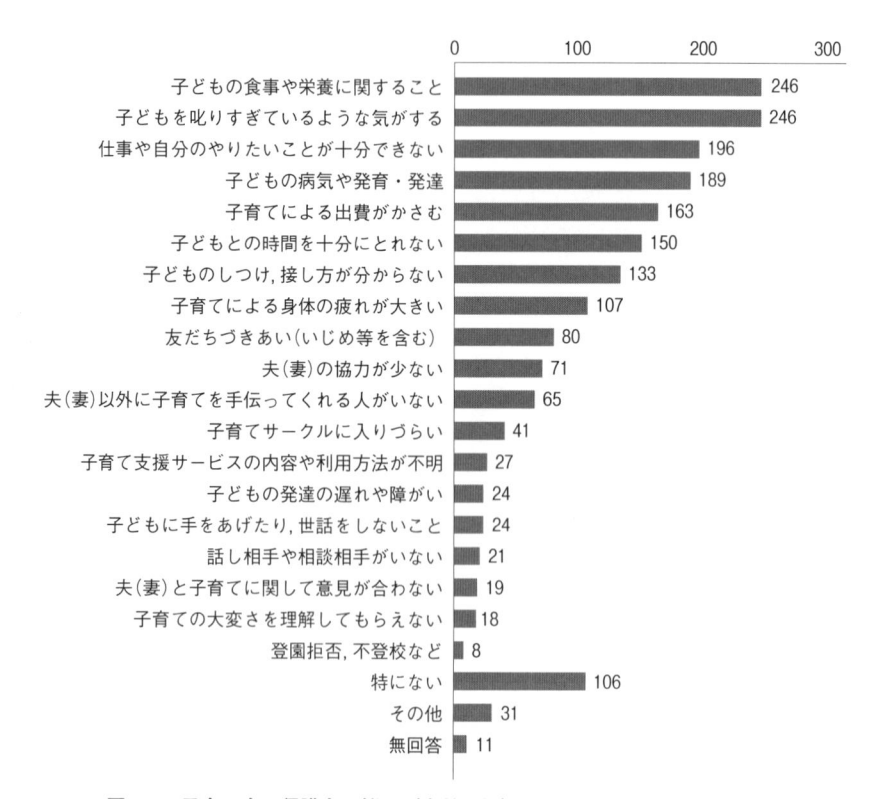

項目	人数
子どもの食事や栄養に関すること	246
子どもを叱りすぎているような気がする	246
仕事や自分のやりたいことが十分できない	196
子どもの病気や発育・発達	189
子育てによる出費がかさむ	163
子どもとの時間を十分にとれない	150
子どものしつけ，接し方が分からない	133
子育てによる身体の疲れが大きい	107
友だちづきあい(いじめ等を含む)	80
夫(妻)の協力が少ない	71
夫(妻)以外に子育てを手伝ってくれる人がいない	65
子育てサークルに入りづらい	41
子育て支援サービスの内容や利用方法が不明	27
子どもの発達の遅れや障がい	24
子どもに手をあげたり，世話をしないこと	24
話し相手や相談相手がいない	21
夫(妻)と子育てに関して意見が合わない	19
子育ての大変さを理解してもらえない	18
登園拒否，不登校など	8
特にない	106
その他	31
無回答	11

図7-4　子育て中の保護者の悩み（未就園児）（知多市子育て支援課, 2013）

表 7-2　保育所保育指針第 6 章 (厚生労働省, 2008)

---
3. 地域における子育て支援
(1) 保育所は，児童福祉法第 48 条の 3 の規定に基づき，その行う保育に支障がない限りにおいて，地域の実情や当該保育所の体制等を踏まえ，次に掲げるような地域の保護者等に対する子育て支援を積極的に行うよう努めること。
　　ア　地域の子育て支援としての機能
　　　　(ア) 子育て家庭への保育所機能の開放（施設及び設備の開放，体験保育等）
　　　　(イ) 子育て等に関する相談や援助の実施
　　　　(ウ) 子育て家庭の交流の場の提供及び交流の促進
　　　　(エ) 地域の子育て支援に関する情報の提供
　　イ　一時保育
(2) 市町村の支援を得て，地域の関係機関，団体等との積極的な連携及び協力を図るとともに，子育て支援に関わる地域の人材の積極的な活用を図るよう努めること。
(3) 地域の要保護児童への対応など，地域の子どもをめぐる諸課題に対し，要保護児童対策地域協議会などの関係機関等と連携し，協力して取り組むように努めること。

上位を占めています。

　みなさんがワーク 7-2 で話し合ったことに共通していることがあるのではないでしょうか。

　保護者の多くが，結婚前に乳幼児と触れ合った体験として挙げられるものは，小学校の総合学習や，中学校の職場体験で保育所に行ったという回答がほとんどで，日常的にはなかったという方が多いです。

　また，子どもがどのようなプロセスで育っていくのかを身近に見たことがなく，わが子が誕生し，親になったときに，それぞれの発達の時期をふまえて，どのように環境を整え，遊び，関わればよいのか，その具体的な方法がわからない，食事・排泄等の身辺自立に向けて，いつから・どのようにして「しつけ」をしたら良いかわからない，という方も多いです。子どもが 1 歳を過ぎて，自己主張を始める時期を迎えると，愚図って駄々をこねる子どもへ言い聞かせる方法がわからず，かけた言葉が子どもに届かず，焦燥感を持ってしまうことも少なくありません（坂・石田・長谷川, 2010）。

　保育所保育指針では，地域の保護者等に対する子育て支援活動を積極的に行うよう努力すると規定しています（表 7-2）。保護者が抱える幅広い育児の悩みが一つずつ解決でき，負担感や孤立感を軽減させ，子育てに喜びが持てるような地域の子育て支援の充実が望まれます。

地域子育て支援拠点で育つ親と子

　保育所の施設・設備は，子育て支援活動にふさわしい条件を多く備えており，保護者への支援を効果的に進めることができます。また，保育所は，地域において最も身近な児童福祉施設であり，乳児から就学前までのさまざまな育ちを理解し支える保育を実践している場でもありますので，安心・安全で，親子を温かく受け入れてくれる施設として，保育所の役割はますます期待されているといえるでしょう。

　また近年では，保育所だけではなく，地域の公共施設等を活用し，さ

まざまな運営形態の地域子育て支援拠点が広がりを見せています（厚生労働省, 2008）。地域の子育て支援拠点とは，親も子も，いろんな人との交流を通して，学び合う・育ち合う場所です。人格の基盤が形成される乳幼児期の子どもたちは，親がしっかりと子どもと向き合い，応答的に関わることで，自己肯定感を育んでいきます。また，子どもたちどうしのかかわりや，世代を超えたさまざまな人たちとの交流を通して社会性を学んでいきます。

育児を一人で抱え込まず，親子が気兼ねなく訪れることができるよう，ベビーカーを引いていける距離に設置することや，親同士・地域・必要な支援に「つなぐ」「つながる」ようコーディネイト機能が発揮できる保育士をはじめとする支援者が配置できるようにしていくことが求められます。

平成20年4月には，「児童虐待の防止等に関する法律及び児童福祉法の一部を改正する法律」が施行されました。改正の主な柱は，児童の安全確認等のための立入調査等の強化，保護者に対する面会・通信等の制限の強化，保護者に対する指導に従わない場合の措置の明確化の3点です。一方で，平成24年8月に，すべての子どもの良質な成育環境を保障し，子ども・子育て家庭を社会全体で支援することを目的として，子ども・子育て支援関連の制度，財源を一元化して新しい仕組みを構築し，質の高い学校教育・保育の一体的な提供，保育の量的拡充，家庭における養育支援の充実を図ることを目的に，子ども・子育て支援法案，総合こども園法案，関係法律の関係整備法案の「子ども・子育て関連3法」が制定されました。「子ども・子育て支援法」第61条第1項では，地域や社会が保護者に寄り添い，子育てに対する負担や不安，孤立感を和らげることを通して，保護者が自己肯定感を持ちながら子どもと向かい合える環境を整え，親としての成長を支援し，子育てや子どもの成長に喜びや生きがいを感じることができるような支援を目指す（基本目標6頁）としています。

今後ますます，地域子育て支援拠点において，児童虐待の予防を視野に入れた，仲間の中で，親子がともに育っていけるような，質の高い子育て支援活動の充実が期待されます。

子育て相談における援助の姿勢

保育所は，家庭や地域のさまざまな社会資源との連携を図りながら，入所する子どもの保護者に対する支援及び地域の子育て家庭に対する支援等を行う役割を担うと，「子育て支援の役割」を明記しています。保育士の重要な専門性の一つは保育であり，二つは児童の保護者に対する保育に関する指導であるということです。

保育所保育指針第6章（表7-3）には，保護者に対する支援について記

表7-3　保育所保育指針第6章 (厚生労働省, 2008)

第6章　保護者に対する支援 保育所における保護者の支援は，保育士などの業務であり，その専門性を生かした子育て支援の役割は，特に重要なものである。保育所は，第1章（総則）に示されているように，その特性を生かし，保育所に入所する子どもの保護者に対する支援及び地域の子育て家庭への支援について，職員間の連携を図りながら，次の事項に留意して，積極的に取り組むことが求められる。 1. 保育所における保護者に対する支援の基本 (1) 子どもの最善の利益を考慮し，子どもの福祉を重視すること。 (2) 保護者とともに，子どもの成長の喜びを共有すること。 (3) 保育に関する地域や技術などの保育士の専門性や，子どもの集団が常に存在する環境など，保育所の特性を生かすこと。 (4) 一人一人の保護者の状況を踏まえ，子どもと保護者の安定した関係に配慮して，保護者の養育力の向上に資するよう，適切に支援すること。 (5) 子育て等の関する相談や助言にあたっては，保護者の気持ちを受け止め，相互の信頼関係を基本に，保護者一人一人の自己決定を尊重すること。 (6) 子どもの利益に反しない限りにおいて，保護者や子どものプライバシーの保護，知り得た事柄の秘密保持に留意すること。 (7) 地域の子育て支援に関する資源を積極的に活用するとともに，子育て支援に関する地域の関係機関，団体などの連携及び協力を図ること。

載しています。ここでは，保育所に併設された子育て支援センターを訪れた親子の事例を通して，相談援助の姿勢について考えてみましょう。

事　例

　M君（1歳児）は，両親と姉（小2女児）の4人家族です。お母さんから，子育て支援センターにかかった相談電話の第一声は，「もしかしてうちの子，自閉症じゃないですか？」でした。保育士は，電話ではよくわからないので，保育所に出ていらっしゃいと誘いました。園庭で遊んでいた1歳児クラスに入ったM君は，周りの子の様子を目で追うだけで，お母さんのスカートの裾を握りしめ，指しゃぶりをしていました。

　1歳児の頃は，大人を基地にして探索行動をする姿が見られますが，M君は，不安でお母さんから離れられないように見えました。

　M君を1歳児の担任に頼み，お母さんを子育て支援センターに呼びました。「M君は，目線もあうし，自閉症には見えません。ただ，お母さんのそばから離れられない様子が見えますが，お母さん何か心配なことがありますか？」と聞くと，お母さんは泣きながら話し始めました。

　お父さんとお母さんは再婚で，M君の上に，前妻との間に生まれた姉がいて，近くにお父さん方のおばあちゃんが住んでいるそうです。「今日は洗濯物が干していなかったけど，どこかにでかけていたの？」ということばにも，自分は監視されていると感じてしまいます。姉の体に湿疹がでたときには，おばあちゃんが気にして，「継子だから大事にされていない」とお父さんに言ったこともありました。

　夫はかばってもくれず，おばあちゃんが言うことばをそのまま伝えられると，夫に対しても不満を持ってしまいますし，自分の育て方が

悪いと干渉されている気がして，気が滅入ってしまいます。M君に何か買ってあげたいと思っても，またおばあちゃんに何か言われるかもしれないと思うと行動が起こせません。

　お母さんは，ずっと心の中にため込んで我慢していたのでしょう。心の中にたまっている悲しさ・くやしさ等の感情があふれ出るようでした。

　翌週，保育所にきたM君は，見違えるように変わっていました。お母さんを基地にして，離れて遊べるようになっていました。「なんか魔法がかかったみたいにM君は変わりました。どんな魔法をかけたの？」と聞くと，「生活自体はすぐには変わりません。でも，ここにきていっぱい話したら，気持ちがすっとして，いつまでもこんなふうに思っていたらいけないと思えたのです」。お母さんは，吹っ切れた表情をしていました。

　子育ての相談は，落ち着きがない，ことばが遅いなど，気になる子どもの姿として受けることが多いです。事例では，お母さんが自閉症ではないかと心配していたM君は，お母さんの気持ちが安定してくることで，見違えるように落ち着きを見せ，子どもの気になる姿と，お母さんの心の状況の関係性が，とても大きいということを気づかせてくれました。

　「保育に関する指導」というのは，良くないことを指摘し，直させるという意味ではありません。専門性を持つ保育士が，保育に関する専門的知識・技術を背景にしながら，保護者が求めている子育ての問題や課題に対して，保護者の気持ちを受け止め，寄り添い，その糸口が見つけられやすくすることです。

　まずお母さんが安心して，自分の気持ちを吐露できるようにしています。そのことにより，お母さん自身が気持ちの切り替えをしています。そのお母さんの心情をM君はみごとにキャッチし，安心してお母さんから離れられるようになりました。

　保育士が「こうしなさい！」と解決策を指示するのではなく，保護者自身が，自らの子育てを振り返り，「こうしてみよう！　ああしてみよう！」と，新しい目標を見出し，安定した親と子の応答的な関係をつくっていけるように側面的に支援することです。それが，保育所保育指針が示している，保護者の自己決定を尊重するという姿勢といえます。

　保育士は，どうしても子どもの立場に立って物事を考えがちで，知らず知らずのうちに，「親なんだから，どうしてこれぐらいできないの！」と，自分の価値判断で裁いてしまうことも少なくありません。また，子どもの問題行動を治すことばかりに目を向けてしまうと，その家族の持つ真のニーズを見間違えてしまうこともあります。

　子育てに葛藤する保護者の思いに共感し，寄り添い・支えるという保

護者支援の姿勢を身につけたいものです。

今後の課題について

　保護者と信頼関係をつくり，状況を適切に理解することや，保護者の自己決定を尊重するという援助の姿勢を身につけることは，ことばで言うほど安易なことではありません。

　ワーク 7-1 で解説した，ソーシャルワークの原理（態度），知識，技術の理解とともに，保護者が自分の思いを語りやすくし，家族の持つ強み，成長すべきところを明確にするためのさまざまな戦略（子育て支援を考える会 TOKOTOKO, 2013）を学び，保護者の主体的な子育てを支える実践力を向上させていくことが必要です。

●── 応用ワーク ─────────────────────

　保育所，幼稚園，地域の子育て支援拠点等に出向き，乳幼児と触れ合うボランティア体験に参加してみましょう。一人一人の子どもには，どんなに幼くても意思があり，月齢に伴う発達の特性があります。子どもの個性に寄り添い，子どものサインを適切に読み取り，応答的に関わる力を身につけましょう。また，子育て中の保護者の話を聴いてみましょう。そして，保護者の思いを傾聴し，親子の愛着の絆を育むことができる子育て支援について考えてみましょう。

　現代社会の子育てニーズはとても幅広く，これからの保育士には，子ども・保護者自身が地域の社会資源を活用して，自らの問題を解決していけるよう側面的に支援する力が求められます。児童虐待の予防的活動やネットワーク・システムという視点から，地域に広がる子育て支援の取り組みに目を向け，そのネットワークの一員としての保育所の役割や，保育士としての専門性について考えてみましょう。

　また，実践を「記録化」することで，保育士のもつ専門性を磨きましょう。環境づくり，子どもへのことばがけなど，援助の様子を記録化していくことで，自身の援助を振り返り，今度はこういう援助をしていこうという次なる目標を見つけ出す力を育んでいけます。これらは，児童虐待の発見と援助スキルを高めることにもつながるものといえます。

　保育・子育て支援は，授業で学ぶ理屈・理論だけでは成り立たないでしょう。特に，児童虐待の相談援助には，暴力により傷ついた者が持つ心理の理解と寄り添う姿勢が求められます。そのために，乳幼児や保護者はもちろんのこと，地域のさまざまな専門性を持つ援助者など，幅広い人としっかりつながり，気づき・発見・喜び・反省等，自らの感情体験を通して，理論と実践を統合させる学びを深めることが大切でしょう。

コラム7
保育所と市町村，児童相談所との連携

　保育士が保育所で業務を行う場合，保育所保育指針（以下，「保育指針」という）が，ガイドラインとして活用されています。この「保育指針」は昭和40年に制定以来，平成2年，平成12年，平成20年と3回の改定が行われています。特に，平成12年の改定では，「児童虐待への対応」や「市町村，児童相談所等との連携」が盛り込まれました。また，平成20年の改定では，『第5章　健康及び安全』で「虐待の予防・早期発見の対策」を講じる一方で，『第6章　保護者に対する支援』が大幅に加わりました。さらに，平成22年3月には，東京都江戸川区において発生した小学校1年生男児の虐待死事件の検証結果で，「関係機関の連携が充分に機能していなかった」ことを受けて，厚生労働省雇用均等・児童家庭局長及び文部科学大臣政務官名で「学校及び保育所から市町村又は児童相談所への定期的な情報提供に関する指針（通知）」が出されています。ここでは，保育所と市町村との連携，保育所と児童相談所の連携について紹介します。

　保育所と市町村の連携ですが，平成16年の児童福祉法改正で，児童相談・児童通告（虐待通告を含む）の第1次窓口が市町村になりました。平成17年度に全国の市町村が対応した児童虐待件数は40,222件でしたが，平成24年度は73,200件と8年間で8割以上増えています。相談経路としては，保育所からが8〜9％と5番目に多い相談経路となっています。それは，市町村が保育所の管理・運営にかかわりが深い機関であることも影響しています。情報的提供する事例としては，「外傷，衣服の汚れ，相談，健康診断の回避，家庭環境の変化，欠席の背景，その他の虐待の兆候が疑われる事実を確認できた場合」などが考えられます。これらの情報を受けた市町村は48時間以内に調査（家庭訪問を含む）を実施し，個別ケース検討会議を開催するなど状況の把握及び対応方針の検討を行います。その結果，リスクが高いと判断された場合，児童相談所に「送致」が行われ，より専門性の高い介入や支援が実施されます。逆に，リスクが低いと判断された場合，市町村が運営する要保護児童対策地域協議会の「管理ケース」として一定期間のフォローが行われます。

　次に，保育所と児童相談所との連携ですが，平成16年の児童虐待防止法の改正により，要保護児童，要支援児童の「保育所への優先入所」が図られるようになりました。平成17年度に全国の児童相談所が対応した児童虐待件数は34,472件でしたが，平成24年度は66,701件と8年間で9割以上増えています。相談経路では，保育所を含む児童福祉施設からの相談・通告は5％から2％と減っています。これは，保育所からの相談・通告は，まずは身近な市町村へといった対応に変わってきたからです。しかし，重症度の高い，具体的には頻繁に繰り返される身体的暴力や生命が脅かされるようなネグレクトケースなどの場合，いきなり児童相談所に相談・通告があり危機介入が実施され，専門的なアセスメントを行い支援が継続されます。こういった場合，個別ケース検討会議を保育所，市町村，児童相談所等の担当者で開き，役割分担や保護の方法など慎重に検討して行っています。その他，障害を抱える子どもや家族の支援も，児童相談所は保育所と連携しながら行っています。

Work 8
総まとめワーク

ワーク１からワーク７を振り返ろう

　ワーク１からワーク８までの内容を一つの図に示したものが図8-1です。もう一度それぞれのワークで学んだことを振り返ってみましょう。

　ワーク１では，乳幼児の身体の発達の様子と，子どもが自らの身体や他者の存在を理解することを通して自分という存在を認識していく様子（自我の発達）について考えてみました。心と身体の発達は切り離して考えることができません。保育を行う上では，年齢に応じた子どもの平均的な発達の状況だけでなく，その発達のプロセスを理解しておくことが重要となります。

　ワーク２では，乳児期と幼児期のことばの発達について考えてみました。ことばが使えるようになるということは，ただ話ができるようになるということだけを意味しないことが理解できたのではないでしょうか。子どもの言語発達を考える上では，単に言葉が遅れているかどうかではなく，その背後に考えられる認知の発達の状況についても思いをめぐらすことが大事でしょう。

　ワーク３では，子どもの愛着形成とそれを基礎として育まれる社会性について考えました。保育所保育指針や幼稚園教育要領では「絆」や「信頼関係」といった用語が出てきますが，これらは保育者との愛着関係が子どもたちとのかかわりで重要であることを述べています。保育者には，子どもの安全基地となることで，子どもたちの社会的な関係の広がりの基盤を作ることが求められるのです。

　ワーク４では，子どもたちの遊び方や，それがいかに学びにつながっているのかを考えてみました。子どもたちは保育所に単に遊びに来ているわけではありません。より多くの学びや発達と結びついた遊びが起こるよう，保育者の環境構成が必要になります。

　ワーク５では，保育者が子どもたちの発達に関してできることとは何か，そして障害のある子どもたちとどのように接していけばよいかを考えました。子どもたちにとって最も不幸なのは，子どもたちと関わる保育者に発達や障害についての知識がない場合です。子どもたちの姿を思

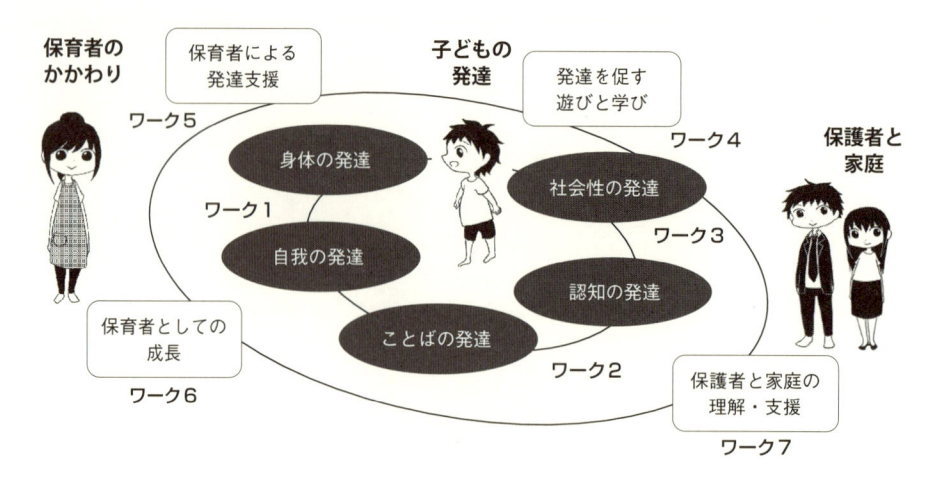

図8-1 各ワークで扱った内容（子どもの発達，保育者のかかわり，保護者と家庭）

い込みや誤解でゆがめることなく捉え，適切な発達支援を行うことが大切です。

　ワーク6では，みなさんの自己理解と保育者としての成長を取り上げました。自分自身についての考えや自信のない部分を整理することで，今後の保育の学びのヒントを得てほしいと思います。このような定期的に省みる作業は，保育の質を高め，また維持する上で重要なことです。

　最後のワーク7では，児童虐待や保護者の支援について考えました。保護者や家庭に関する問題は，近年の保育・教育現場の課題としてクローズアップされることが多く，現代の保育者に特に求められている部分でもあります。理解を深め，しっかりと対応・支援できる保育者になってほしいと思います。

Work 8-1　それぞれのワークの振り返り

　これまでのワークを振り返り，①印象に残っているワーク，②発見のあったワーク等について，その理由とともにグループで意見交換をしてみよう。

Work 8-2　発達と支援の俯瞰図の作成

　それぞれのワークの解説を整理し，次ページの発達と支援の俯瞰図に自分が学んだことを自由に書きこんでみよう。

就学

誕生

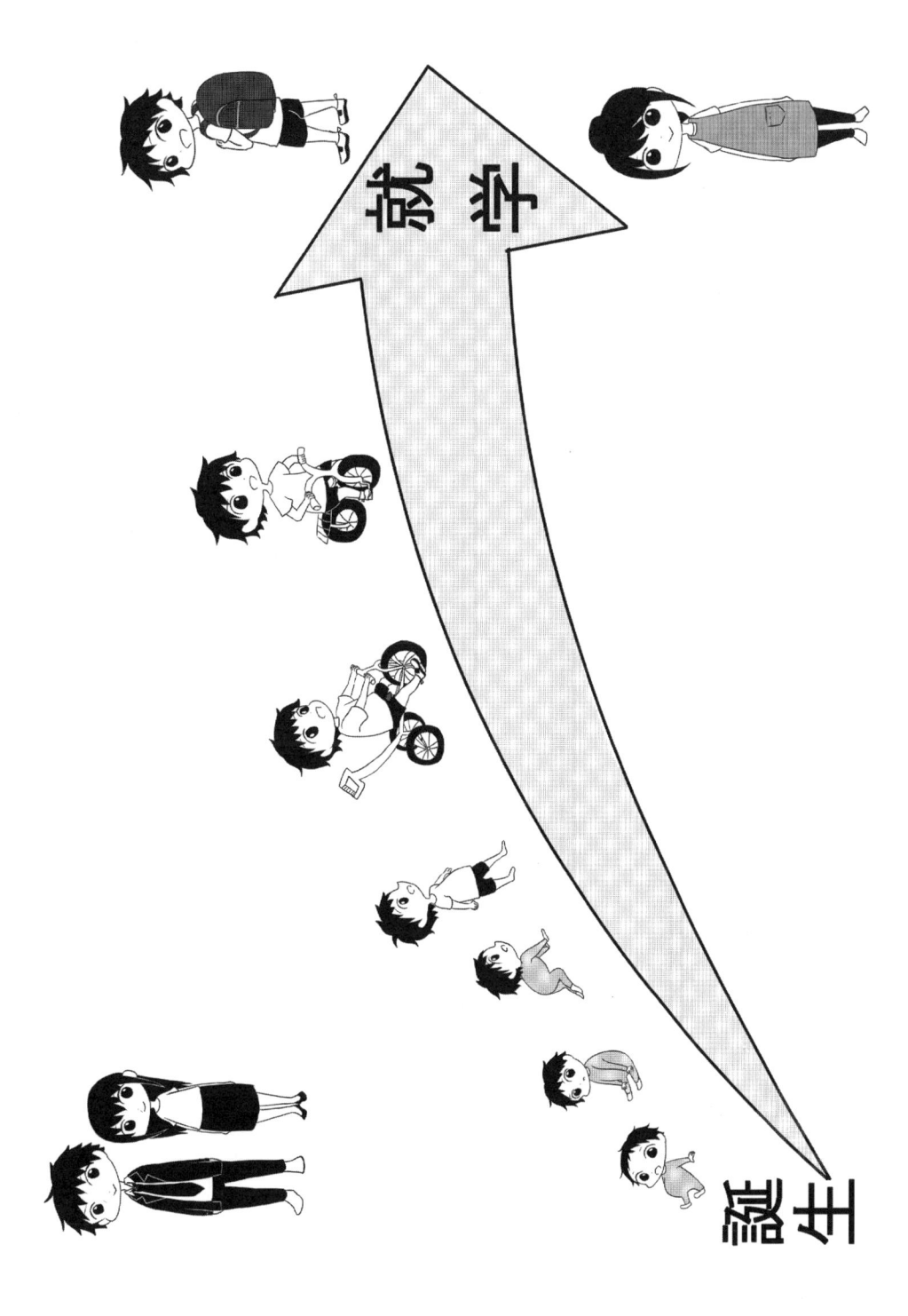

発達と支援の俯瞰図―乳幼児期の発達の流れと保育者の支援をまとめてみよう

文　　献

Work 1

林万リ（監修）　2011　やさしく学ぶからだの発達　全障研出版部
Helverson, M. H.　1931　An experimental study of prehension in infants by means of systematic cinema records. *Journal of Genetic Psychology Monograph*, **10**, 107-286.
木下孝司　2008　乳幼児期における自己と「こころの理解」の発達　ナカニシヤ出版
近藤直子　2011　1歳児のこころ　おとなとの関係の中で育つ自我　ひとなる書房
宮崎美智子・開一夫　2009　自己像認知の発達―「いま・ここ」にいる私　開一夫・長谷川寿一（編）　ソーシャルブレインズ―自己と他者を認知する脳　東京大学出版会　pp.39-56.
庄司留美子　1989　自己意識の始まり―乳幼児期における鏡像への反応　梶田叡一（編著）　自己意識の発達心理学　金子書房　pp.230-265.
田中昌人・田中杉恵　1981　子どもの発達と診断1　乳児期前半　大月書店
山下俊郎　1971　乳幼児心理学　朝倉書店
百合本仁子　1981　1歳児における鏡像の自己認知の発達　教育心理学研究, **29**, 261-266.

Work 2

Baron-Cohen, S., Leslie, A. M., & Frith, U.　1985　Does the autistic child have a "theory of mind"?　*Cognition*, **21**, 37-46.
播磨俊子　2005　子どもの発達・子どもの世界　三学出版
Horner, V. & Whiten, A.　2005　Causal knowledge and imitation/emulation switching in chimpanzees (Pan troglodytes) and children (Homo sapiens). *Animal Cognition*, **8**, 164-181.
増田修治　2009　子どもが育つ言葉かけ―聴きとる・つなげる・ふくらませる：口頭詩をもとにして　ひとなる書房
松本博雄・第一そだち保育園　2011　子どもとつくる0歳児保育―心も体も気持ちいい　ひとなる書房
松本博雄・常田美穂・川田学・赤木和重　2012　0123発達と保育―年齢から読み解く子どもの世界　ミネルヴァ書房
明和政子　2004　なぜ「まね」をするのか―霊長類から人類を読み解く　河出書房新社
Tomasello, M.　1996　Do apes ape? In C. M. Heyes & B. G. Galef, Jr. (Eds.), *Social learning in animals: The roots of culture*. Academic Press. pp.319-346.
Tomasello, M.　1999　*The cultural origins of human cognition*. Harvard University Press.（大堀壽夫・中澤恒子・西村義樹・本多啓（訳）　2006　心とことばの起源を探る―文化と認知　勁草書房）
ヴィゴツキー, L. S.　1934　柴田義松（訳）　2001　新訳版・思考と言語　新読書社
Wimmer, H. & Perner, J.　1983　Beliefs about beliefs: Representation and constraining function of wrong beliefs in young children's understanding of deception. *Cognition*, **13**, 103-128.

Work 3

Ainsworth, M. D. S., Blehar, M. C., Waters, E., & Wall, S.　1978　*Patterns of attachment: A psychological study of the strange situation*. Erlbaum.
Bowlby, J.　1969　*Attachment and loss*. Vol. 1. *Attachment*. Basic Books.（黒田実郎（訳）　1991　母子関係の理論1　愛着行動　岩崎学術出版社）
Dahl, A., Schuck, R. K., & Campos, J. J.　2013　Do young toddlers act on their social preferences? *Developmental Psychology*, **49**, 1964-1970.
Feiring, C., Lewis, M., & Starr, M. D.　1984　Indirect effects and infants' reaction to strangers. *Developmental Psychology*, **20**, 485-491.
Eisenberg, N.　1992　*The caring child*. Cambridge, MA: Harvard University Press.（二宮克美・首藤敏元・宗方比佐子（訳）　1995　思いやりのある子どもたち―向社会的行動の発達心理　北大路書房）
遠藤利彦　1990　移行対象の発生因的解明―移行対象と母性的関わり　発達心理学研究, **1**, 59-69.
遠藤利彦　2011　人との関係の中で育つ子ども　遠藤利彦・佐久間路子・徳田治子・野田順子　乳幼児のこころ―子育ち・子育ての発達心理学　有斐閣　pp.85-119.
藤崎眞知代　1998　泣くこと，笑うこと　藤崎眞知代・野田幸江・村田保太郎・中村美津子　保育のための発達心理学　新曜社　pp.21-39.
服部敬子　2000　5, 6歳児　心理科学研究会（編）　育ちあう乳幼児心理学　有斐閣　pp.183-205.
Haviland, J. M. & Lelwica, M.　1987　The induced affect response: 10-week-old infants' response to three emotion expressions. *Developmental Psychology*, **23**, 97-104.
Heiphetz, L. & Young, L.　2014　A social cognitive developmental perspective on moral judgment. *Behaviour*, **151**, 315-335.
神田英雄　2004　3歳から6歳―保育・子育てと発達研究をむすぶ　幼児編　全国保育団体連絡会

Main, M. & Solomon, J. 1990 Procedures for identifying infant as disorganized/disoriented during the Ainsworth strange situation. In M. T. Greenberg, D. Cicchetti, & E. M. Cummings (Eds.), *Attachment in the preschool years*. Chicago: University of Chicago Press. pp.121-160.
丸山愛子 1999 対人葛藤場面における幼児の社会的認知と社会的問題解決方略に関する発達的研究 教育心理学研究, **47**, 451-461.
長瀬美子 2014 乳幼児の発達と生活・あそび ちいさいなかま社
岡本依子・塚田-城みちる・菅野幸恵 2004 エピソードで学ぶ乳幼児の発達心理学 新曜社
Piaget, J. 1932 *The moral judgment of the child*. Oxford: Harcourt.
斎藤政子 2013 新入園児の慣れ過程にみる泣きの変化と心理的拠点形成 明星大学研究紀要-教育学部, **3**, 55-70.
坂上裕子 2005 アタッチメントの発達を支える内的作業モデル 数井みゆき・遠藤利彦(編) アタッチメント―生涯にわたる絆 ミネルヴァ書房 pp.32-48.
佐々木美緒子 1997 〈事例1〉M君とパープルの布 日本保育学会大会研究論文集, **50**, 99.
Stern, D. N. 1985 Affect attunement. In J. D. Call, E. Galenson, & R. L. Tyson (Eds.), *Frontiers of infant psychiatry*. Vol.2. New York: Basic Books. pp.3-14.
富田昌平 2007 乳幼児期の移行対象と指しゃぶりに関する調査研究 中国学園紀要, **6**, 127-138.
豊島区公立保育園・あそび研究会 2008 今日もわっはっは子ども日和 第5回 たかがケンカ, されどケンカ 現代と保育, **72**, 84-94.
Warneken, F., & Tomasello, M. 2009 The roots of human altruism. *British Journal of Psychology*, **100**, 455-471.
Winnicott, D. W. 1971 *Playing and reality*. A Tavistock/Routledge Publication. (橋本雅雄(訳) 1979 遊ぶことと現実 岩崎学術出版社)

コラム3
厚生労働省 2009 保育所の状況(平成21年4月1日)等について http://www.mhlw.go.jp/houdou/2009/09/h0907-2.html
菅原ますみ 2003 母親の就労は子どもの問題行動をうむか:3歳児神話の検証 柏木恵子・高橋恵子(編) 心理学とジェンダー――学習と研究のために 有斐閣 pp.11-16.

Work 4
福田きよみ 2003 子どもの発達と遊び 無藤隆・岩立京子(編著) 乳幼児心理学 北大路書房 pp.71-86.
Parten, M. B. 1932 Social participation among pre-school children. *Journal of Abnormal and Social Psychology*, **27**, 243-269.
高橋千枝 2007 仲間関係・きょうだい関係 本郷一夫(編著) 発達心理学 建帛社 pp.113-124.
Weiner, B. 1979 A theory of motivation for some classroom experiences. *Journal of Educational Psychology*, **71**, 3-25.

Work 5
Erikson, E. H. 1950 *Childhood and society*. New York: W. W. Norton. (仁科弥生(訳) 1977, 1980 幼児期と社会1, 2 みすず書房)
糸賀一雄 2003 復刊 この子らを世の光に NHK出版
遠城寺宗徳・合屋長英 2009 遠城式・乳幼児分析的発達検査法―九州大学小児科改訂新装版 慶應義塾大学出版会
金山美和子・丸山良平 2007 幼稚園・保育園の3, 4, 5歳児クラスにおける排泄の自立の実態と保育者の意識 上田女子短期大学紀要, **30**, 49-59.
厚生労働省障害児保育の在り方に関する検討会 2014 今後の障害児支援の在り方について(報告書)―「発達支援」はどうあるべきか
松田順子 2011 幼児の生活を作る―幼児期の「しつけ」と保育者の役割 実践女子大学生活科学部紀要, **48**, 95-105.
文部科学省初等中等教育局特別支援教育課 2012 通常学級に在籍する発達障害のある可能性のある特別な教育的支援を必要とする児童生徒について調査 http://www.mext.go.jp/a_menu/shotou/tokubetu/material/__icsFiles/afieldfile/2012/12/10/1328729_01.pdf
中田洋二郎 1995 親の障害の受容と認識に関する考察―受容の段階説と慢性的悲哀 早稲田心理学年報, **27**, 83-92.
日本精神神経学会(編) 2014 DSM-5 精神疾患の診断・統計マニュアル 医学書院
矢倉紀子・廣江かおり 1993 乳幼児の排泄自立に関する要因の検討 日本看護科学会誌, **13**(3), 258-259.

Work 6
Bandura, A. 1977 Self-efficacy: Toward a unifying theory of behavioral change. *Psychological Review*, **84**, 191-215.
星野命 1989 自叙伝法・20答法 星野命(編) 性格心理学新講座6 ケース研究―個性の形態と展開 金子書房 pp.196-217.
神谷哲司 2009 保育者養成系短期大学生の保育者効力感の縦断的変化―実習時期と就職活動を通じた進路選択家庭に着目して キャリア教育研究, **28**, 9-17.
厚生労働省 2009 保育所における自己評価ガイドライン http://www.mhlw.go.jp/bunya/kodomo/pdf/hoiku01.pdf (2014年8月31日アクセス)
香曽我部琢 2013 保育者の転機の語りにおける自己形成プロセス―展望の形成とその共有化に着目して 保育学研究, **51**, 117-

130.
Kuhn, M. H. & McPartland, T. S.　1954　An empirical investigation of self-attitudes. *American Sociological Review*, **19**, 68-76.
Marcia, J. E.　1967　Ego identity status: Relationship to change in self-esteem, "general maladjustment," and authoritarianism. *Journal of Personality*, **35**, 118-133.
文部科学省　2008　幼稚園における学校評価ガイドライン　http://www. mext. go. jp/b_menu/shingi/chousa/shotou/041/toushin/001. pdf　（2014年8月31日アクセス）
西山修　2006　幼児の人とかかわる力を育むための多次元保育者効力感尺度の作成　保育学研究, **44**, 246-256.
西山修　2009　保育者の効力感と自我同一性の形成―領域「人間関係」について　風間書房
三木知子・桜井茂男　1998　保育専攻短大生の保育者効力感に及ぼす教育実習の影響　教育心理学研究, **46**, 203-211.
浦上昌則　1996　女子短大生の職業選択過程についての研究―進路選択に対する自己効力, 就職活動, 自己概念の関連から　教育心理学研究, **44**, 195-203.

コラム6

Butler, J.　1989　*Gender trouble: Feminism and the subversion of identity*. Routledge.（竹村和子（訳）1999　ジェンダー・トラブル―フェミニズムとアイデンティティの攪乱　青土社）
落合恵美子　2004　21世紀家族へ―家族の戦後体制の見かた・超えかた（第3版）　有斐閣
末盛慶　2010　職場環境と男性のワーク・ライフ・バランス―ジェンダー秩序が揺れ動く条件　松田茂樹・汐見和恵・品田知美・末盛慶　揺らぐ子育て基盤―少子化社会の現状と困難　勁草書房　pp.161-181.

Work 7

坂鏡子・石田慎二・長谷川充　2010　グループワークを活用した子育て支援の仮説モデルの検証　名古屋学芸大学ヒューマンケア学部研究紀要, **4**, 1-14.
子育て支援を考える会TOKOTOKO　2013　妊娠・出産直後からの家庭訪問マニュアル（0-6か月編）　pp.54-69, 85-89, 93-99.
厚生労働省　2008　地域子育て支援拠点事業実施のご案内
厚生労働省　2008　保育所保育士新解説書
厚生労働省　2010　厚生労働白書　平成22年版

事項索引

あ
愛着（attachment；アタッチメント） 33
　　──行動 33
アイデンティティ 76
朝の視診 90
アスペルガー症候群 64
アセスメント（事前評価） 91
遊び 20
移行対象 36
いざこざ 41
一語文 48
一次的信念 26
　　──課題 24
エミュレーション（emulation：目的模倣） 17
援助計画の立案と実施 91
オペラント条件づけ 54

か
外発的動機づけ 53
学習の準備性（レディネス） 52
葛藤 26
観察学習 54
感情の揺らぎ 10
記憶 22, 23
基本的生活習慣 62
強化 54
鏡像 9, 10
協同遊び 50
共同注意（joint attention） 19
緊張性頸反射 2
結果期待 79
原因帰属 53
限局性学習障害 66
向社会的行動（prosocial behavior） 40
広汎性発達障害 64
効力期待 79
心の理論（theory of mind） 12, 25
ごっこ遊び 49
古典的条件づけ 54
子ども・子育て関連3法 94
子ども・子育て支援法 87
子どもの最善の利益 87
固有覚 4

さ
左右対称姿勢 2
三項関係（tridic interaction） 5, 18
自我 10, 12
時間閾 11

自己意識 73
自己概念 73
自己コントロール 25
自己主張 1, 10, 62, 93
自己評価 74
自己抑制 62
姿勢変換 3, 4
自尊感情 74
児童虐待 86
　　──の防止等に関する法律の一部を改正する法律 86
自閉症 64
　　──スペクトラム障害 65
社会性 38
社会的参照（social referencing） 19, 35
終結 91
主客転倒 11
象徴機能 49
情緒の伝染 35
情動調律（affect attunement） 36
初語 17, 18
触覚 4
　　──過敏 6
身体像 4
身体部位 9
新版K式発達検査 4, 8
ストレンジ・シチュエーション法 34
スモールステップ 62
　　──の原則 53
前庭覚 4
ソーシャルワーク（社会福祉の援助技術） 91
　　──の原理（態度） 97

た
対比 7
代理強化 54
ダウン症 67
地域子育て支援拠点 93
知的障害 67
　　──児 64
地方自治法（平成22年）の第245条の4第1項の規定 86
注意欠如・多動性障害 66
トイレットトレーニング 61
道具的条件づけ 54
同型性 8
洞察学習 54
道徳性 41

な
内言（inner speech） 24-27
内省化 89
内的ワーキングモデル 33
内発的動機づけ 53
喃語 18, 48
二語文 48
20答法 73
認知的複雑性 75

は
バイアス 74
発達課題 58
発達障害児 64
発達障害者支援法 64
発達段階 58
発達の最近接領域 63
発達保障 64
PDCAサイクル 77
人見知り 31
表象（representation） 19
　　──機能 49
フォークロージャー 76
プログラム学習 53
平行（並行）遊び 50
ベテラン保育者 81
保育者効力感 79
保育所の入所要件 87
保育所保育指針 87
保護者の自己決定 96
ボディイメージ 3

ま
見立て遊び 49
メンタルヘルス 75
モニタリング（見守り） 91
物の永続性の理解 49
模倣 17

や
役割実験 75
指差し 19
要保護児童対策地域協議会 87

ら
ライブ映像 10
ライフライン 81
連合遊び 50

人名索引

A
Ainsworth, M. D. S.　*34*
赤木和重　*20*

B
坂　鏡子　*93*
Bandura, A.　*79, 82*
Baron-Cohen, S.　*24*
Blehar, M. C.　*34*
Bowlby, J.　*33*
Butler, J.　*84*

C
Campos, J. J.　*42*

D
Dahl, A.　*42, 43*

E
Eisenberg, N.　*39*
遠藤利彦　*33, 36*
Erikson, E. H.　*57-59*

F
Feiring, C.　*36*
Freud, S.　*58*
Frith, U.　*24*
藤崎眞知代　*33*
福田きよみ　*50*

H
播磨俊子　*20*
長谷川　充　*93*
服部敬子　*38*
Haviland, J. M.　*35*
林　万リ　*2*
Heiphetz, L.　*42*
Helverson, M. H.　*5*
開　一夫　*11*
廣江かおり　*61*
Horner, V.　*15*
星野　命　*72, 73*

I
石田慎二　*93*

糸賀一雄　*64*

K
神谷哲司　*80*
金山美和子　*61*
神田英雄　*40, 43*
香曽我部　琢　*81*
川田　学　*20*
木下孝司　*10*
近藤直子　*8, 9*
Kuhn, M. H.　*73, 74*

L
Lelwica, M.　*35*
Leslie, A. M.　*24*
Lewis, M.　*36*

M
Main, M.　*34*
Marcia, J. E.　*76*
丸山愛子　*42, 41*
丸山良平　*61*
増田修治　*21*
松田順子　*62*
松本博雄　*19, 20, 26*
McPartland, T. S.　*73, 74*
明和政子　*17*
三木知子　*79*
宮崎美智子　*11*
宗方比佐子　*39*

N
長瀬美子　*43*
中田洋二郎　*68*
二宮克美　*39*
西山　修　*79, 80*

O
落合恵美子　*84*
岡本依子　*34, 35*

P
Parten, M. B.　*50*
Perner, J.　*24*
Piaget, J.　*41*

S
斎藤政子　*36*
坂上裕子　*33*
桜井茂男　*79*
佐々木美緒子　*36*
Schuck, R. K.　*42*
Solomon, J.　*34*
Starr, M. D.　*36*
Stern, D. N.　*36*
末盛　慶　*84*
菅野幸恵　*34, 35*
菅原ますみ　*45*
庄司留美子　*8*
首藤敏元　*39*

T
高橋千枝　*50*
Tomasello, M.　*17, 40*
富田昌平　*36*
塚田－城田みちる　*34, 35*
常田美穂　*20*

U
浦上昌則　*76*

V
Vygotsky, L. S.　*24, 63*

W
Wall, S.　*34*
Warneken, F.　*40*
Waters, E.　*34*
Weiner, B.　*53*
Whiten, A.　*15*
Wimmer, H.　*24*
Winnicott, D. W.　*36*

Y
矢倉紀子　*61*
Young, L.　*42*
百合本仁子　*8*

【著者一覧】（五十音順，＊は編者）

小川絢子（おがわ　あやこ）
名古屋短期大学助教
担当：Work 3

小平英志（こだいら　ひでし）＊
日本福祉大学子ども発達学部准教授
担当：Work 6，Work 8（共著）

近藤直子（こんどう　なおこ）
日本福祉大学子ども発達学部教授
担当：Work 1

多川則子（たがわ　のりこ）
名古屋経済大学短期大学部准教授
担当：Work 4

田倉さやか（たくら　さやか）＊
日本福祉大学社会福祉学部助教
担当：Work 5，Work 8（共著）

坂　鏡子（ばん　きょうこ）
名古屋学芸大学ヒューマンケア学部教授
担当：Work 7

松本博雄（まつもと　ひろお）
香川大学教育学部准教授
担当：Work 2

コラム執筆者（執筆順）
1：松田美寿鶴（南知多町役場）
2：吉橋由香（岐阜聖徳学園大学）
3：矢崎裕美子（日本福祉大学）
4：佐々木聡一（平田保育園）
5：加藤　淳（東部地域療育センターぽけっと）
6：末盛　慶（日本福祉大学）
7：渡邊　忍（日本福祉大学）

（4コマ漫画・ワーク8イラスト：大平弥亜子）

保育のための心理学ワークブック

2015 年 3 月 30 日　初版第 1 刷発行　　　定価はカヴァーに表示してあります

　編　者　　小平　英志
　　　　　　田倉さやか
　発行者　　中西　健夫
　発行所　　株式会社ナカニシヤ出版
　〒606-8161　京都市左京区一乗寺木ノ本町 15 番地
　　　　　　　　　Telephone　075-723-0111
　　　　　　　　　Facsimile　　075-723-0095
　　　　　Website　　http://www.nakanishiya.co.jp/
　　　　　E-mail　　iihon-ippai@nakanishiya.co.jp
　　　　　　　　　郵便振替　01030-0-13128

装幀＝白沢　正／印刷・製本＝ファインワークス
Printed in Japan.
Copyright © 2015 by H. Kodaira & S. Takura
ISBN978-4-7795-0944-5
◎本書のコピー，スキャン，デジタル化等の無断複製は著作権法上での例外を除き禁じられています。本書を代行業者等の第三者に依頼してスキャンやデジタル化することはたとえ個人や家庭内の利用であっても著作権法上認められておりません。